图解道路交通标志标线

吴文琳 主 编
陈劲涛 林瑞玉 副主编

化学工业出版社
·北京·

内容简介

本书根据新修订的道路交通标志标线的标准编写，采用彩色图片以图解的形式系统地解读了道路交通标志和标线，以帮助机动车驾驶人、非机动车驾驶人和行人理解交通标志和交通标线的含义，能够根据不同的交通情况，灵活、正确地运用交通标志和标线，有序、规范、安全地在道路上通行，以促进道路交通安全、提高道路运行效率。

本书图文并茂，实用性强，适合各类机动车驾驶人、非机动车驾驶人和行人等道路交通参与者阅读，也可供学车考驾照的人员参考。

图书在版编目（CIP）数据

图解道路交通标志标线/吴文琳主编；陈劲涛，林瑞玉副主编. —北京：化学工业出版社，2023.7（2025.7重印）

ISBN 978-7-122-43359-6

Ⅰ.①图… Ⅱ.①吴…②陈…③林… Ⅲ.①交通标志-中国-图解 Ⅳ.①U491.5-64

中国国家版本馆CIP数据核字（2023）第072388号

责任编辑：陈景薇　　装帧设计：韩　飞
责任校对：宋　夏

出版发行：化学工业出版社（北京市东城区青年湖南街13号　邮政编码100011）
印　　装：涿州市般润文化传播有限公司
880mm×1230mm　1/32　印张5　字数136千字　2025年7月北京第1版第4次印刷

购书咨询：010-64518888　　售后服务：010-64518899
网　　址：http://www.cip.com.cn
凡购买本书，如有缺损质量问题，本社销售中心负责调换。

定　　价：42.00元

前言

道路交通标志标线是维护交通秩序的保障，是车辆和行人遵守的规则和指引，也是交通管理和执法的依据，是最基本、最重要的交通管理手段，对提高道路通行能力、改善车流行驶条件、减少交通事故、保护人身和车辆的安全起到了积极的作用。同时道路交通标志标线与人们的日常出行有密切的关系，例如，由于对交通标识不理解，容易发生走错路、走冤枉路的情况；许多交通事故、交通安全违法行为的发生缘于违反了交通标志标线的规定。开车要懂交通标志标线，要理解交通标志标线的含义，要根据不同的交通情况，灵活、正确地运用交通标志标线。因此掌握交通标志标线知识，正确运用交通标志标线，是至关紧要的。新修订的2022版道路交通标志标线的标准于2022年10月1日实施。为了使广大交通参与者，尤其是机动车驾驶人远离违法行为、保护自身合法权益，特编写本书。

本书根据新修订的道路交通标志标线的标准编写，采用彩色图片以图解的形式系统地解读了道路交通标志标线内容和含义，以帮助机动车驾驶人、非机动车驾驶人和行人理解交通标志和交通标线的含义。本书图文并茂，实用性强，适合各类机动车驾驶人、非机动车驾驶人和行人等道路交通参与者阅读，也可供学车考驾照的人员参考。

本书由吴文琳任主编，陈劲涛、林瑞玉任副主编，参加编写的人员还有吴丽霞、林纪忠。在本书编写过程中参考了一些文献资料，特在此向有关文献资料的作者表示诚挚的感谢！

由于编者的水平和经验有限，书中不足之处在所难免，敬请广大读者批评指正，以便修订时改正。

编　者

目 录

Part 1

第一部分
道路交通标志

第一章
道路交通标志概述

一、道路交通标志的概念

道路交通标志通过特定的图形、文字、数字、图案、符号、颜色等内容向过往车辆或行人传递交通信息。道路交通标志的主要作用是提供道路信息，起到道路“语言”的作用；指挥控制交通，保障交通安全；指路导向，提高行车效率；为交通管理部门提供执法依据。

在道路上设置交通标志能形象、具体、简单明了地表达交通法规，也是一种用以管理交通，引导道路使用者有序地使用道路，保障道路交通安全畅通，提高道路运行效率的交通道路安全设施。道路交通标志用以告知道路使用者的道路通行权利，明示道路交通禁止、限制、遵行状况，告示各种道路状况和交通状况等信息，指示车辆或行人需按标志信息行驶，最大限度地减少车辆与车辆、车辆与行人之间的运动冲突，使道路使用者能够顺利快捷地到达目的地，保证交通畅通和行车安全。

国家标准《道路交通标志和标线》（GB 5768）初版于1986年发布，其后，分别于1999年、2009年、2022年对其做了三次修订。本次的交通标志部分《道路交通标志和标线　第2部分：道路交通标志》（GB 5768.2）修订版为当前的最新版本，于2022年10月1日正式实施。

针对近年来出现的新设施、交通管理新需求，2022版道路交通标志标准修改了主标志分类，取消了作业区标志类别，将“施工标志”作为临时性标志的一种，还增加了“交通事故管理标志”，作为另一种临时性标志；增加了“电动汽车充电站”“电动自行车车道标志”“禁止电动自行车进入标志”“注意积水标志”等18项新的交通标志；适应复杂路网和交通运行环境下驾驶人对出行便捷性的要求，细化了标志的版面、设置及使用要求，对指路标志的信息量、信息选取原则和方法等提出了细化要求；强化操作性，增加了交通标志设置示例等附录，给出了制作图例。

二、道路交通标志的种类

2022版道路交通标志按作用不同，可分为主标志和辅助标志两大类，其中主标志包括禁令标志、指示标志、警告标志、指路标志、旅游区标志、告示标志。

在同一地点，主标志可以单独设置，可以同时设置多个主标志。辅助标志不能单独设置，只能设置在主标志下方，对主标志起辅助说明作用。

同一地点可设置多个主标志

辅助标志附设在主标志下方

1.禁令标志

禁令标志是禁止或限制道路使用者交通行为的标志，按交通法规用图形、符号、简单文字显示一种或几种禁止信息，车辆或行人必须按禁令标志牌显示的信息来行驶，道路使用者应严格遵守。

禁令标志的颜色

禁令标志除个别标志外，一般为白色底、红色圈、红色杠、黑色图形，图形压杠。禁令标志的形状多数为圆形，少数为矩形，但停车让行标志为八角形，减速让行标志为顶角向下的倒等边三角形。

禁令标志的形状

2.指示标志

指示标志主要用来指示各种车辆、行人按标志牌显示信息行驶，是道路使用者应遵循的标志。

指示标志的颜色

指示标志一般为蓝色底、白色图形。指示标志的形状有圆形、矩形（含长方形和正方形）。

指示标志的形状

3. 警告标志

警告标志（又称警示标志）是警告道路使用者注意道路交通的标志，用以警告车辆驾驶人注意前方有难以发现的情况、警示过往车辆按标志信息中的不同交通情况行驶。道路使用者需谨慎行动，需减速慢行或采取其他安全措施。

警告标志一般为黄（荧光黄）色底、黑色图形或文字、黑色边框。

注意信号灯标志的颜色为红、黄、绿、黑四色。

叉形符号、斜杠符号为白色底、红色图形。

警告标志的颜色

施工标志为橙（荧光橙）色底、黑色图形、黑色边框。

交通事故管理标志为粉红（荧光粉红）色底、黑色文字、黑色边框。

避险车道标志为黄（荧光黄）色底、黑色字符、黑色和红色图形、黑色边框。

注意信号灯

叉形符号

斜杠符号

施工

交通事故管理

避险车道

警告标志的形状为等边三角形或矩形，三角形的顶角朝上。

警告标志的形状

4. 指路标志

指路标志是传递道路方向、地点、距离信息的标志，用以表示道路信息的指引，为驾驶人提供去往目的地所经过的道路，沿途相关城镇、重要公共设施、服务设施、地点、距离和行车方向等信息。指路标志不应指引私人专属或商用目的地信息。

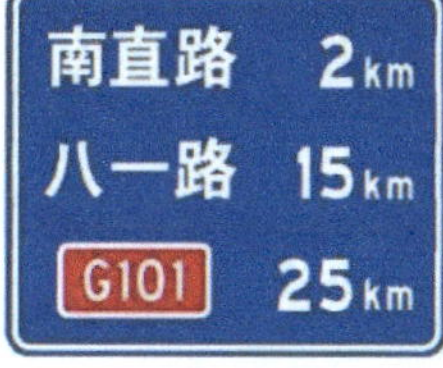

一般道路指路标志的颜色

高速公路及城市快速路指路标志的颜色

指路标志分为一般道路指路标志、高速公路及城市快速路指路标志两种类型。除特别说明外，一般道路指路标志为蓝色底、白色字符或图形、白色边框、蓝色衬边，高速公路及城市快速路指路标志为绿色底、白色字符或图形、白色边框、绿色衬边。指路标志的形状除个别标志外，都为长方形或正方形。

指路标志的形状

5. 旅游区标志

旅游区标志分为旅游指引标志和旅游符号标志两种类型。旅游指引标志设置在旅游区道路上，提供通往旅游区的方向和距离，指引人们前往邻近的旅游区；旅游符号标志设置在旅游区，便于人们了解旅游项目。

旅游区标志为棕色底、白色图形（文字）、白色边框、棕色衬边，形状为矩形（含长方形和正方形）。

旅游区标志的颜色和形状

6. 告示标志

告示标志是告知路外设施、安全行驶信息以及其他信息的标志，用以解释道路设施、指引路外设施或告示有关道路交通安全法规及交通管理安全行车的提醒等内容。告示标志的设置有助于道路设施、路外设施的使用和指引以及安全行车。告示标志的设置不应影响禁令、指示、警告和指路标志的设置和视认。

车辆管理所 →
税务服务厅 →

路外设施指引标志

驾驶时禁用手持电话

行车安全提醒标志

7.辅助标志

辅助标志是安装在主标志下方，紧靠主标志下缘，对主标志进行辅助说明的标志。辅助标志为白色底、黑色文字（图形）、黑色边框、白色衬边，形状为矩形。

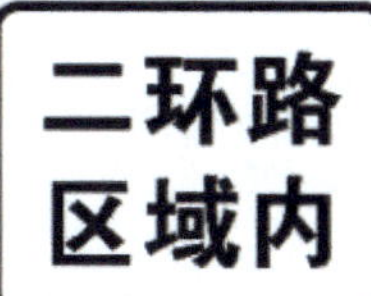

辅助标志

第二章
禁令标志

一、提示让行的标志

1.停车让行标志

停车让行标志表示车辆驾驶人必须在进入路口前停车瞭望，确认安全后，方可通行。停车让行标志的设置位置一般靠近停车让行标线。当路口设置有人行横道线时，停车让行标志设置在人行横道线前。

停车让行标志

行经停车让行标志

货车转弯需停车后再行驶标志

2. 减速让行标志

减速让行标志告示车辆驾驶人应慢行或停车让行，观察相交道路行车情况，在确保相交道路车辆优先通行和确认安全后，方可进入路口通行。减速让行标志一般设置于交叉口次要道路路口，靠近减速让行标线。当路口设置有人行横道线时，减速让行标志设置在人行横道线前。

减速让行标志

注意减速让行

3. 会车让行标志

会车让行标志表示车辆会车时，驾驶人应停车让对方车先行。会车让行标志设置在车道减少、由单向交通变为双向交通的路段或设置在因道路狭窄会车困难的路段。

会车让行标志

二、限制通行的标志

1. 禁止通行标志

禁止通行标志表示禁止一切车辆和行人通行，设置在禁止一切车辆和行人通行的道路入口附近。一切车辆包括各种机动车和非机动车。

禁止通行标志

2. 禁止驶入标志

禁止驶入标志表示禁止一切车辆驶入，设置在禁止驶入路段的入口处。

禁止驶入标志

单向车道不准车辆驶入

3. 禁止机动车驶入标志

禁止机动车驶入标志表示前方道路禁止各类机动车通行，设置在禁止机动车驶入路段的入口处，可以避免机动车驶入单行路。

禁止机动车驶入标志

禁止机动车驶入

禁止机动车驶入辅道

4. 禁止大型载客汽车驶入标志

禁止大型载客汽车驶入标志表示禁止大型载客汽车驶入，设置在禁止大型载客汽车驶入路段的入口处。

禁止大型载客汽车驶入标志

禁止客运班车驶入的时段

5. 禁止小型载客汽车驶入标志

禁止小型载客汽车驶入标志表示禁止小型载客汽车驶入，设置在禁止小型载客汽车驶入路段的入口处。

禁止小型载客汽车驶入标志

6. 禁止载货汽车驶入标志

禁止载货汽车驶入标志表示禁止载货汽车驶入（含载货专项作业车），设置在禁止载货汽车和载货专项作业车驶入路段的入口处。

禁止载货汽车驶入标志

禁止载货汽车驶入

7. 禁止挂车、半挂车驶入标志

禁止挂车、半挂车驶入标志表示禁止挂车、半挂车驶入，设置在禁止挂车、半挂车驶入路段的入口处。

禁止挂车、半挂车驶入标志

8. 禁止拖拉机驶入标志

禁止拖拉机驶入标志表示前方禁止各类拖拉机驶入，设置在禁止各类拖拉机驶入路段的入口处。

禁止拖拉机驶入标志

禁止拖拉机驶入

9. 禁止三轮汽车、低速货车驶入标志

禁止三轮汽车、低速货车驶入标志表示禁止三轮汽车、低速货车驶入，设置在禁止三轮汽车、低速货车驶入路段的入口处。

禁止三轮汽车、低速货车、拖拉机、非机动车和行人等进入高速公路

禁止三轮汽车、低速货车驶入标志

10. 禁止摩托车驶入标志

禁止摩托车驶入标志表示禁止摩托车驶入，设置在禁止摩托车驶入路段的入口处。

摩托车、电动自行车只允许在辅道行驶

禁止摩托车驶入标志

11.禁止电动自行车进入标志

禁止电动自行车进入标志表示禁止电动自行车进入，设置在禁止电动自行车进入路段的入口处。

禁止电动自行车进入标志

12.禁止三轮车驶入标志

禁止三轮车驶入标志表示禁止三轮车驶入，设置在禁止三轮车驶入路段的入口处。

禁止三轮车驶入标志

13.禁止某两种车辆驶入标志

禁止某两种车辆驶入标志表示禁止标志上所示的两种车辆驶入，设置在禁止某两种车辆驶入路段的入口处。

禁止某两种车辆驶入标志

某市区限行的车种

14.禁止非机动车进入标志

禁止非机动车进入标志表示前方道路禁止各种非机动车进入，设置在禁止非机动车进入路段的入口处。

禁止非机动车进入标志

禁止非机动车进入

15.禁止某种非机动车进入标志

禁止某种非机动车进入标志包括禁止畜力车进入标志、禁止人力客运三轮车进入标志、禁止人力货运三轮车进入标志、禁止人力车进入标志，表示前方道路禁止标志中所示的非机动车进入。

禁止畜力车进入标志

禁止人力客运三轮车进入标志

禁止人力货运三轮车进入标志

禁止人力车进入标志

16.禁止行人进入标志

禁止行人进入标志表示前方道路禁止行人进入，设置在禁止行人进入的地方。

禁止行人进入标志

禁止非机动车和行人进入机动车车道

三、限制行驶方向的标志

1.禁止向左转弯标志

禁止向左转弯标志表示前方路口禁止一切车辆向左转弯，设置在禁止向左转弯的路口前。

禁止向左转弯标志

2.禁止向右转弯标志

禁止向右转弯标志表示前方路口禁止一切车辆向右转弯，设置在禁止向右转弯的路口前。

禁止向右转弯标志

3.禁止直行标志

禁止直行标志表示前方路口禁止一切车辆直行，设置在禁止直行的路口前。

禁止直行标志

禁止图中所示的车种直行

4.禁止向左和向右转弯标志

禁止向左和向右转弯标志表示前方路口禁止一切车辆向左和向右转弯，设置在禁止向左和向右转弯的路口前。

禁止向左和向右转弯标志

5. 禁止直行和向左转弯标志

禁止直行和向左转弯标志表示前方路口禁止一切车辆直行和向左转弯，设置在禁止直行和向左转弯的路口前。

禁止直行和向左转弯标志

6. 禁止直行和向右转弯标志

禁止直行和向右转弯标志表示前方路口禁止一切车辆直行和向右转弯，设置在禁止直行和向右转弯的路口前。

禁止直行和向右转弯标志

7. 禁止掉头标志

禁止掉头标志表示禁止机动车掉头，设置在禁止机动车掉头路段的起点和路口前。

禁止掉头标志

限时禁止机动车掉头路段

8. 禁止超车标志

禁止超车标志表示该标志至前方解除禁止超车标志的路段内，不准许机动车超车，设置在禁止超车路段的起点，根据需要可在禁止超车路段重复设置。

禁止超车标志

9. 解除禁止超车标志

解除禁止超车标志表示前方路段取消禁止超车的禁令，设置在禁止超车路段的终点。

解除禁止超车标志

四、限制停车的标志

1. 禁止车辆停放标志

禁止车辆停放标志表示在前方路段或场地限定的范围内，禁止一切车辆停放，无论驾驶人是否离开车辆，设置在禁止车辆停放的地方，禁止车辆停放的时段、车种和范围可用辅助标志说明。

禁止车辆停放标志

除泊车位外禁止车辆停放

禁止车辆停放的范围也可用箭头表示。禁止车辆停放范围的标志设置在路段的不同位置。

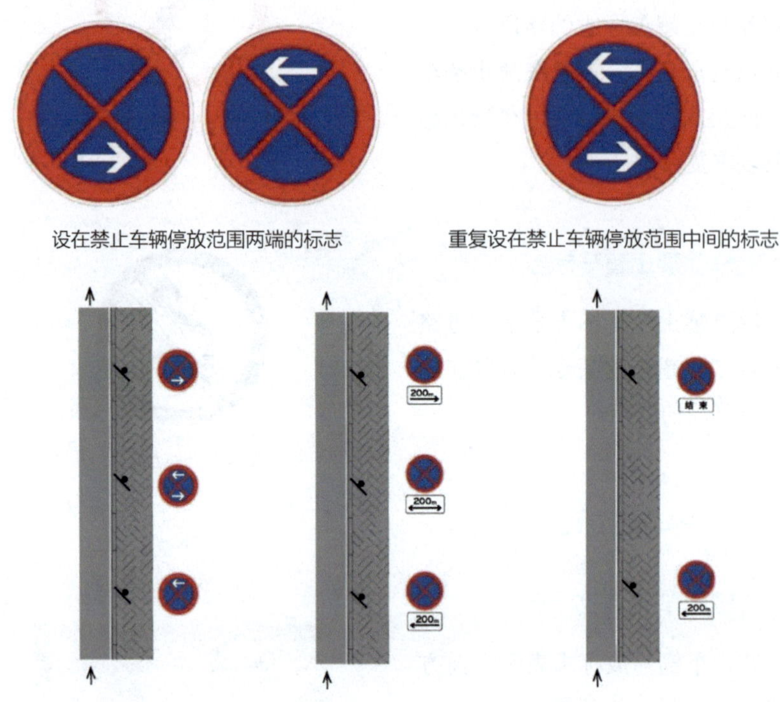

设在禁止车辆停放范围两端的标志

重复设在禁止车辆停放范围中间的标志

禁止车辆停放范围的标志设置

2.禁止车辆长时停放标志

禁止车辆长时停放标志表示在前方路段或场地限定的范围内，禁止一切车辆长时停放，临时停放不受限制，设置在禁止车辆长时停放的地方。临时停放指车辆停车上下客或装卸货等，且驾驶人在车内或车旁守候。禁止车辆长时停放的时段、车种、范围和限制时长可用辅助标志说明。

禁止车辆长时停放标志

五、禁鸣及限速的标志

1.禁止鸣喇叭标志

禁止鸣喇叭标志表示禁止车辆鸣喇叭，设置在需要禁止车辆鸣喇叭的地方。

禁止鸣喇叭标志

禁止鸣喇叭的路段

2.限制速度标志

限制速度标志表示该标志至前方解除限制速度标志或另一个不同限速值的限制速度标志的路段内，机动车行驶速度（单位为km/h）不准超过标志所示数值，设置在需要限制车辆速度路段的起点。

限制速度标志

限制速度为60km/h的路段

3.解除限制速度标志

解除限制速度标志表示前方限制速度路段结束，设置在限制车辆速度路段的终点。

解除限制速度标志

限制速度路段结束

六、限宽及限高的标志

1.限制宽度标志

限制宽度标志表示禁止车货总体外廓宽度超过标志所示数值的车辆通行，设置在最大容许宽度受限制的地方。

限制宽度标志

最大容许宽度为3m的路段

2.限制高度标志

限制高度标志表示禁止车货总体外廓高度超过标志所示数值的车辆通行，设置在最大容许高度受限制的地方。

限制高度标志

靠近高架桥的高度限制标志

七、限制质量及轴重的标志

1.限制质量标志

限制质量标志表示禁止总质量超过标志所示数值的车辆通行，设置在需要限制车辆质量的桥梁两端。如右图所示，在靠近跨河桥的地点设置了限制质量标志，表示总质量超过40t的车辆不得驶入。

限制质量标志

桥梁限制质量为40t

2. 限制轴重标志

限制轴重标志表示禁止轴重超过标志所示数值的车辆通行，设置在需要限制车辆轴重的桥梁两端。如右图所示，在靠近跨河桥的地点设置了限制轴重标志，禁止轴重超过10t的车辆驶入，也禁止质量超过13t的车辆驶入。

限制轴重标志

禁止轴重超过10t和质量超过13t的车辆驶入

八、停车检查及禁止运输危险物品车辆驶入的标志

1. 停车检查标志

停车检查标志表示机动车应停车接受检查，设置在需要机动车停车接受检查的地点。

停车检查标志

2. 禁止危险物品运输车辆驶入标志

禁止危险物品运输车辆驶入标志表示前方道路禁止危险物品运输车辆驶入，设置在禁止运输危险物品车辆驶入路段的入口处。

禁止危险物品运输车辆驶入标志

禁止危险物品运输车辆驶入或停放

九、区域禁止（或限制）及解除的标志

1. 区域限制速度及解除标志

区域限制速度及解除标志主要用于城市中心区、居民聚居区域，标志上的数值一般为30km/h或40km/h，设置在禁止或限制区域的所有入口处（禁止或限制标志）及出口处（解除禁止或限制标志）。

区域限制速度标志

区域限制速度解除标志

2. 区域禁止车辆长时停放及解除标志

区域禁止车辆长时停放及解除标志设置在禁止或限制车辆长时停放区域的所有入口处（禁止或限制标志）及出口处（解除禁止或限制标志）。

区域禁止车辆长时停放标志

区域禁止车辆长时停放解除标志

3. 区域禁止车辆停放及解除标志

区域禁止车辆停放及解除标志设置在禁止或限制停放区域的所有入口处（禁止或限制标志）及出口处（解除禁止或限制标志）。

区域禁止车辆停放标志

区域禁止车辆停放解除标志

第三章
指示标志

一、指示车辆行驶方向的标志

1. 直行标志

直行标志表示一切车辆只准直行，不准转弯，设置在车辆应直行的路口前。

直行标志

2. 向左转弯标志

向左转弯标志表示一切车辆只准向左转弯，不准直行和向右转弯，设置在车辆应向左转弯的路口前。

向左转弯标志

3. 向右转弯标志

向右转弯标志表示一切车辆只准向右转弯，不准直行和向左转弯，设置在车辆应向右转弯的路口前。

向右转弯标志

4.直行和向左转弯标志

直行和向左转弯标志表示一切车辆只准在前方路口直行和向左转弯，不准向右转弯，设置在车辆应直行和向左转弯的路口前。

直行和向左转弯标志

5.直行和向右转弯标志

直行和向右转弯标志表示一切车辆只准在前方路口直行和向右转弯，不准向左转弯，设置在车辆应直行和向右转弯的路口前。

直行和向右转弯标志

6.向左和向右转弯标志

向左和向右转弯标志表示一切车辆只准在前方路口向左和向右转弯，不准直行，设置在车辆应向左和向右转弯的路口前。

向左和向右转弯标志

7.分隔带右侧行驶标志

分隔带右侧行驶标志表示一切车辆只准在分隔设施的右侧行驶，设置在交通岛、行人二次过街安全岛、中央分隔带等设施的端部。在设有分隔带右侧行驶标志的路口，如果在分隔设施的左侧行驶就属于逆行；应该按照指示标志的指引，在分隔设施的右侧行驶。

分隔带右侧行驶标志

在分隔设施的右侧行驶

8.分隔带左侧行驶标志

分隔带左侧行驶标志表示一切车辆只准在分隔设施的左侧行驶，设置在交通岛、行人二次过街安全岛、中央分隔带等设施的端部。

分隔带左侧行驶标志

二、指示环岛路口及鸣喇叭的标志

1.环岛行驶标志

环岛行驶标志表示前方路口一切车辆只准靠右环行，环内车辆具有优先权，车辆进入环岛时应让环内车辆优先通行，设置在进入环岛前、面向路口来车的方向。

环岛行驶标志

2. 鸣喇叭标志

鸣喇叭标志表示机动车行至该标志处的前方路段应鸣喇叭，以提醒对向车辆的驾驶人注意并减速慢行，设置在视线不良不便观察对向来车的路段。

鸣喇叭标志

三、指示单行路及允许掉头的标志

1. 单行路（向左或向右）标志

单行路标志表示该道路为单向通行，驶入单行路的机动车应依标志指示方向通行，设置在单行路入口处。

单行路（向左）标志

单行路（向右）标志

前方右转弯进入单行路

2. 单行路（直行）标志

单行路（直行）标志表示该道路为单向通行，驶入单行路的机动车应依标志指示方向通行，设置在单行路入口处。

单行路（直行）标志

前方直行进入单行路

3. 允许掉头标志

允许掉头标志表示该处允许机动车掉头，设置在允许机动车掉头的位置。

应该注意，有些地点在规定的时间内才允许机动车掉头。如下图所示，该地点只允许车辆在7:00-9:00和15:00-17:00这两个时段掉头，其他时间段不允许机动车在此掉头。

允许掉头标志

限时段允许掉头标志

允许掉头的路段

四、指示开车灯及最低限速的标志

1. 开车灯标志

开车灯标志表示机动车行至该标志处应开启车灯，设置在隧道口前等处。

开车灯标志

2. 最低限速标志

最低限速标志表示机动车驶入前方道路的最低速度限制，设置在限速路段的起点及进入路段的入口后。

最低限速为60km/h的标志

五、指示会车先行的标志

会车先行标志表示面对该标志的车辆在会车时享有优先通行的权利，设置在车道减少、有会车让行标志路段的另一端。

会车先行标志

六、指示人行横道的标志

人行横道标志表示该处为人行横道，机动车驾驶人应注意观察行人，遇到行人已进入人行横道时应停车让行人通过，设置在靠近人行横道两端的位置。

人行横道标志

人行横道入口处的人行横道标志

七、指示车道行驶方向的标志

车道行驶方向标志表示交叉口的车道行驶方向，设置在导向车道前。

1. 左转车道标志

左转车道标志表示前方道路与该标志对应的车道为左转弯车道，需要在前方路口左转弯的车辆，应该选择与该标志对应的车道行驶。

左转车道标志

2. 右转车道标志

右转车道标志表示前方道路与该标志对应的车道为右转弯车道，需要在前方路口右转弯的车辆，应该选择与该标志对应的车道行驶。

右转车道标志

3. 直行车道标志

直行车道标志表示前方道路与该标志对应的车道为直行车道，需要在前方路口直行的车辆，应该选择与该标志对应的车道行驶。

直行车道标志

4. 直行和右转合用车道标志

直行和右转合用车道标志表示前方道路与该标志对应的车道为直行和右转弯合用车道，需要在前方路口直行或者右转弯的车辆，应该选择与该标志对应的车道行驶。

直行和右转合用车道标志

5. 直行和左转合用车道标志

直行和左转合用车道标志表示前方道路与该标志对应的车道为直行和左转弯合用车道，需要在前方路口直行或者左转弯的车辆，应该选择与该标志对应的车道行驶。

直行和左转合用车道标志

6. 掉头车道标志

掉头车道标志

掉头车道标志表示前方道路与该标志对应的车道为掉头车道，需要在前方路口掉头的车辆，应该选择与该标志对应的车道行驶。

7. 掉头和左转合用车道标志

掉头和左转合用车道标志

掉头和左转合用车道标志表示前方道路与该标志对应的车道为掉头和左转弯车道，需要在前方路口掉头和左转弯的车辆，应该选择与该标志对应的车道行驶。

8. 分向行驶车道标志

分向行驶车道标志表示前方道路车道的分布情况，用以提示车辆驾驶人根据需要选择相应的车道行驶。

组合设置的分向行驶车道标志

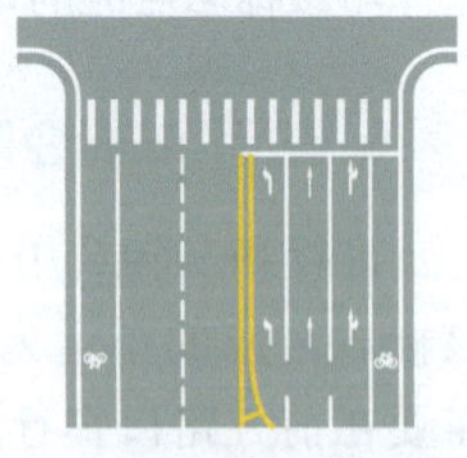
分向行驶车道标志的设置

分向行驶车道标志设置在靠近导向车道一定距离的地点，当车辆驾驶人看到分向行驶车道标志时，应该在车道分界线为虚线的路段完成相应车道的选择，车辆进入实线的导向车道之后，不得变更车道。

9. 靠右侧车道行驶标志

靠右侧车道行驶标志表示车辆除必要的超车行为外应靠右侧车道行驶，设置在高速公路、一级公路等货车行驶比例高的路段起点、交叉口入口或互通立交加速车道终点后。加辅助标志说明靠右侧车道行驶的车种。

靠右侧车道行驶标志

靠右侧车道行驶标志加辅助标志

大型车靠右侧车道行驶

八、指示机动车与非机动车行驶及行驶车道的标志

1. 机动车行驶标志

机动车行驶标志表示该道路仅供机动车通行，设置在该道路的起点及各交叉口的入口处。

机动车行驶标志

机动车在左侧车道行驶、非机动车在右侧车道行驶

2. 机动车车道标志

机动车车道标志表示该车道仅供机动车通行，设置在该车道的起点及各交叉口的入口处。

机动车车道标志

机动车车道与非机动车车道

3. 小型客车车道标志

小型客车车道标志表示该车道仅供小型客车通行，设置在进入该车道的起点及各交叉口的入口处。

小型客车车道标志

4. 货车通行标志

货车通行标志表示货车应在该道路上行驶，其他车辆也可以在该道路上行驶，设置在指定的货车通行道路的起点及各交叉口的入口处。

货车通行标志

5. 非机动车行驶标志

非机动车行驶标志表示前方道路仅供非机动车通行，设置在非机动车行驶道路的起点及各交叉口的入口处。

非机动车行驶标志

右侧车道供摩托车、非机动车行驶

6. 非机动车车道标志

非机动车车道标志表示前方车道仅供非机动车通行，设置在该车道的起点及各交叉口的入口处。

非机动车车道标志

7. 电动自行车行驶标志

电动自行车行驶标志表示该道路仅供电动自行车通行，设置在该道路的起点及各交叉口的入口处。

电动自行车行驶标志

8. 电动自行车车道标志

电动自行车车道标志表示前方车道仅供电动自行车通行，设置在该车道的起点及各交叉口的入口处。

电动自行车车道标志

9. 硬路肩允许行驶标志

硬路肩允许行驶标志表示该处硬路肩允许车辆通行，一般需设置辅助标志说明硬路肩允许通行的时间。硬路肩允许行驶路段开始标志设置在硬路肩允许行驶路段的起点处；硬路肩允许行驶路段即将结束标志提醒车辆驾驶人应尽快合流，设置在合流点前；硬路肩允许行驶路段结束标志设置在硬路肩允许行驶路段的终点处。

硬路肩允许行驶路段开始标志

硬路肩允许行驶路段即将结束标志

硬路肩允许行驶路段结束标志

九、指示专用车道的标志

1. 公交专用车道标志

公交专用车道标志表示该车道仅供本线路行驶的公交车辆、通勤班车等大型载客汽车通行，设置在进入该车道的起点及各交叉口的入口处。

仅供公交车辆通行的公交专用车道标志

公交车辆和通勤班车均可通行的车道标志

2. 快速公交系统（BRT）专用车道标志

快速公交系统（BRT）专用车道标志表示前方车道仅供快速公交车通行，设置在进入该车道的起点及各交叉口的入口处。

快速公交系统（BRT）专用车道标志

3. 有轨电车专用车道标志

有轨电车专用车道标志表示前方车道仅供有轨电车通行，设置在进入该车道的起点及各交叉口的入口处。

有轨电车专用车道标志

4. 多乘员车辆（HOV）专用车道标志

多乘员车辆（HOV）专用车道标志表示前方车道仅供多乘员的车辆通行，设置在多乘员车辆（HOV）专用车道的起点及各交叉口的入口处。

多乘员车辆（HOV）专用车道标志

十、指示行人与非机动车分开空间通行的标志

1. 行人标志

行人标志表示该段道路仅供行人步行，任何车辆不准进入，设置在步行街两端的起点处。

行人标志

2. 非机动车与行人通行标志

非机动车与行人通行标志表示前方道路仅供非机动车与行人通行，机动车不准进入，设置在该道路的起点及各交叉口的入口处。

非机动车与行人分开空间通行标志

非机动车与行人共享空间通行标志

3. 非机动车推行标志

非机动车推行标志

非机动车推行标志表示该道路仅供非机动车推行，不准骑行，设置在天桥、地下通道等禁止骑行的路段入口处。

十一、指示停车位置的标志

1. 停车位标志

停车位标志

停车位标志表示允许机动车停放的区域，一般和停车位标线配合使用，有车种专用、时段或时长限制时，可用辅助标志表示，设置在允许机动车停放区域的入口处。

按箭头指示方向停车

可占用部分
人行道边缘停车

车辆可以靠左侧停放

2. 限时段停车位标志

限时段停车位标志表示此处机动车只能在标志准许的时段停放，其他时段禁止停放。

限时段停车位标志

限时段停车位置与时段

3. 限时长停车位标志

限时长停车位标志表示车辆在此处停放的时长不应超过标志表示的时间。

限时长停车位标志

限时长停车

4. 残疾人专用停车位标志

残疾人专用停车位标志表示此处仅允许残疾人驾驶的车辆停放。

残疾人专用停车位标志

无障碍停车位

5. 校车专用停车位标志、校车停靠站点标志

校车专用停车位标志、校车停靠站点标志表示此处仅允许校车停放，或仅供校车停靠站使用，其他车辆不得占用。

校车专用停车位标志、校车停靠站点标志

6. 出租车专用停车位标志

出租车专用停车位标志表示此处仅允许出租车停放。

出租车专用停车位标志

7. 非机动车专用停车位标志

非机动车专用停车位标志表示此处仅允许非机动车停放。

非机动车专用停车位标志

8. 公交车专用停车位标志、公交车停靠站点标志

公交车专用停车位标志、公交车停靠站点标志表示此处仅允许公交车停放。

公交车专用停车位标志、公交车停靠站点标志

9. 充电停车位标志

充电停车位标志表示此处仅允许电动汽车充电时停放。

充电停车位标志

10. 专属停车位标志

专属停车位标志表示此处为专属车辆停放车位。

专属停车位标志

第四章

警告标志

一、警告路口的交通标志

1. 十字交叉路口标志

十字交叉路口标志用以警告车辆驾驶人前方有交叉路口，应谨慎慢行，注意横向来车，设置在平面交叉路口前。

十字交叉路口标志

前方十字交叉路口应谨慎慢行

注意右转车道

2.错位交叉路口标志

错位交叉路口标志表示道路前方有横向错开的没有信号灯的交叉路口。

错位交叉路口标志

3.T形交叉路口标志

T形交叉路口标志表示道路前方是没有信号灯的T形交叉路口。车辆靠近T形交叉路口时，应该注意观察，减速慢行，提防路口通行的车辆和行人。

正T形交叉路口标志

左T形交叉路口标志

右T形交叉路口标志

4.Y形交叉路口标志

Y形交叉路口标志表示道路前方是没有信号灯的两条道路的交会处。车辆驾驶人应该注意观察，减速慢行。

Y形交叉路口标志

前方Y形交叉路口应减速慢行

5. 环形交叉路口标志

环形交叉路口标志表示道路前方是环岛，是没有信号灯的多条道路的交会处。

环形交叉路口标志

6. 线条粗细示意相交道路宽度的交叉路口标志

线条粗细示意相交道路宽度的交叉路口标志用图中的线条粗细表示相交道路的宽度。

线条粗细示意相交道路宽度的交叉路口标志

二、警告道路线形变化的标志

1. 急弯路标志

向左急弯路标志

急弯路标志包括向左急弯路标志、向右急弯路标志，表示前方道路是急转弯路段，用以警告车辆驾驶人需减速慢行，设置在急转弯路段圆曲线的起点前。

向右急弯路标志

2. 反向弯路标志

反向弯路标志表示前方道路出现连续两次反向急转弯，用以警告车辆驾驶人需减速慢行，设置在两反向圆曲线段的起点前。

反向弯路标志

3. 连续弯路标志

连续弯路标志表示前方道路出现多次反向急转弯，用以警告车辆驾驶人需减速慢行，设置在连续弯路的起点前。当连续弯路总长度大于500m时会重复设置该标志。

连续弯路标志

前方是T形交叉路口及连续弯路

4. 陡坡标志

陡坡标志包括上陡坡标志和下陡坡标志，用以提醒车辆驾驶人前方有陡坡道路，需小心驾驶，设置在坡脚或坡顶前。

上陡坡标志

下陡坡标志

5. 连续下坡标志

连续下坡标志用以提醒车辆驾驶人前方为连续下坡，需小心驾驶，设置在连续两个及以上的坡顶前。

连续下坡标志

6. 窄路标志

窄路标志用以警告车辆驾驶人注意前方车行道或路面将要变窄，遇有来车应减速避让，设置在双车道路面宽度缩减为6m以下的路段起点前。

右侧变窄标志

两侧变窄标志

左侧变窄标志

前方是窄路与上坡路段

7.窄桥标志

窄桥标志用以警告车辆驾驶人注意前方桥面宽度变窄，设置在桥面净宽较两端路面宽度变窄，且桥的净宽小于6m的桥梁前。

窄桥标志

前方是窄桥路段

三、警告道路动态变化的标志

1.双向交通标志

双向交通标志表示前方道路由单向交通变为双向交通，用以提醒车辆驾驶人注意会车，设置在由双向分离行驶因某种原因变为临时性或永久性的不分离双向行驶的路段，或由单向行驶进入双向行驶的路段前。

双向交通标志

前方应减速行驶，注意会车

2.注意行人标志

注意行人标志用以警告车辆驾驶人减速慢行，注意行人，设置在行人密集或不易被驾驶人发现的人行横道线前。

注意行人标志

靠近人行横道线的注意行人标志

3.注意儿童标志

注意儿童标志用以警告车辆驾驶人减速慢行，注意儿童，设置在小学、幼儿园、少年宫等儿童经常出入的地点前。

注意儿童标志

靠近学校门口的注意儿童标志

4. 注意残疾人标志

注意残疾人标志用以警告车辆驾驶人减速慢行，注意礼让过往残疾人，设置在康复医院、残疾人学校等残疾人经常出入的地点前。

注意残疾人标志

5. 注意非机动车标志

注意非机动车标志用以提醒车辆驾驶人谨慎驾驶，随时注意避让非机动车，设置在前方道路经常有非机动车横穿、出入的地点前。

注意非机动车标志

6. 注意电动自行车标志

注意电动自行车标志用以提醒车辆驾驶人谨慎驾驶，注意电动自行车，设置在经常有电动自行车横穿、出入的地点前。

注意电动自行车标志

7. 注意牲畜标志

注意牲畜标志用以提醒车辆驾驶人谨慎驾驶，注意牲畜，设置在经过放牧区、畜牧场等区域的公路上，经常有牲畜横穿、出入的地点前。

注意牲畜标志

8. 注意野生动物标志

注意野生动物标志用以提醒车辆驾驶人谨慎驾驶，随时注意野生动物，设置在经过野生动物保护区的公路上，经常有野生动物横穿、出入的地点前。标志上的动物图形会根据该地区最常出现的野生动物进行适当调整。

注意野生动物标志

9. 注意信号灯标志

注意信号灯标志用以警告车辆驾驶人注意前方路段设置有信号灯，应依信号灯指示行车，设置在受地形或其他因素影响，驾驶人不易发现前方有信号灯的位置。

注意信号灯标志

注意前方路段设置有信号灯

10. 注意落石标志

注意落石标志用以提醒车辆驾驶人谨慎驾驶，注意前方道路上方有落石，设置在有落石危险的傍山路段前。

注意左侧落石标志

注意右侧落石标志

前方路段为向左急弯路、注意左侧落石

11. 注意横风标志

注意横风标志用以提醒车辆驾驶人谨慎驾驶，注意前方道路经常有强烈横风，设置在经常有很强的侧向风的路段前。

注意横风标志

12. 易滑标志

易滑标志用以提醒车辆驾驶人减速慢行，注意前方路滑，车辆容易失控从而发生交通事故，设置在路滑容易发生事故的路段前。

易滑标志

四、警告地貌变化的标志

1. 傍山险路标志

傍山险路标志用以提醒车辆驾驶人谨慎驾驶，注意前方路侧危险，道路的一侧是悬崖，设置在傍山险路路段前。

左侧傍山险路标志

右侧傍山险路标志

2. 堤坝路标志

堤坝路标志用以提醒车辆驾驶人谨慎驾驶，注意路侧危险，不可偏离行车路线，设置在沿水库、湖泊、河流等堤坝路段前。

堤坝路标志

3. 村庄标志

村庄标志用以提醒车辆驾驶人注意前方有村庄，应谨慎驾驶，注意观察道路上的交通动态，设置在道路沿途紧靠村庄、集镇且视线不良的路段前。

村庄标志

过村庄路口防横穿

村庄路口注意减速慢行

4.隧道标志

隧道标志用以提醒车辆驾驶人注意前方为隧道，应谨慎驾驶，降低车速，设置在受地形或其他因素影响，驾驶人不易发现前方为隧道的位置。

隧道标志

5.驼峰桥标志

驼峰桥标志用以提醒车辆驾驶人注意前方有驼峰桥，应该谨慎驾驶，减速靠右行驶，必要时可鸣喇叭，以便安全会车，设置在拱度很大，影响视距的驼峰桥前。

驼峰桥标志

行经驼峰桥

6. 路面不平标志

路面不平标志用以提醒车辆驾驶人减速慢行，注意路面颠簸，设置在路面颠簸路段或桥头跳车较严重的地点前。

路面不平标志

行经路面不平路段

7. 减速丘标志

减速丘标志用以提醒车辆驾驶人注意前方路段设置有减速丘，应该减速慢行，设置在减速丘前。

减速丘标志

道路上的减速丘

8. 过水路面（或漫水桥）标志

过水路面（或漫水桥）标志用以提醒车辆驾驶人谨慎驾驶，注意前方为过水路面或漫水桥，设置在过水路面或漫水桥路段前。

过水路面（或漫水桥）标志

五、警告安全事项的标志

1.有人看守铁路道口标志与叉形符号

有人看守铁路道口标志用以警告车辆驾驶人注意前方有铁路道口，应减速慢行或及时停车，设置在车辆驾驶人不易发现的铁路道口前。

有人看守铁路道口标志

如果有多股铁道与道路相交，则应在铁路道口标志上方设置叉形符号。叉形符号可以与有人看守铁路道口标志联合使用。

叉形符号

叉形符号与有人看守铁路道口标志联合使用

2.无人看守铁路道口标志与斜杠符号

无人看守铁路道口标志用以警告车辆驾驶人注意前方有铁路道口，应减速慢行或及时停车，设置在无人看守的铁路道口前。

无人看守铁路道口标志

如果未设置铁路平交道口标线，则需要在无人看守铁路道口标志下设置斜杠符号，用以表示距铁路道口的距离。应设置的斜杠符号共有三块，一道、二道和三道斜杠标志分别设置在距铁路道口50m、100m和150m的位置。

无人看守铁路道口标志和斜杠符号联合使用

3. 事故易发路段标志

事故易发路段标志用以警告前方道路为事故易发路段，提示车辆驾驶人应谨慎驾驶，警惕交通事故发生，设置在交通事故易发路段前。

事故易发路段标志

前方是容易发生交通事故的路段

4. 注意障碍物标志

注意障碍物标志用以提醒前方道路有障碍物，车辆驾驶人应按标志指示谨慎驾驶，减速慢行，设置在前方道路存在障碍物的路段前。

注意障碍物标志（左侧绕行）

注意障碍物标志（左右侧绕行）

注意障碍物标志（右侧绕行）

5. 注意危险标志

注意危险标志用以提醒车辆驾驶人注意前方道路危险，谨慎驾驶，严防交通事故，设置在以上标志不能包括的其他危险路段前。

注意危险标志

注意前方是危险路段

6. 施工标志

施工标志用以警告前方道路施工，车辆驾驶人应减速慢行或绕道行驶。该标志可作为临时性标志设置在施工路段前。

施工标志

7. 交通事故管理标志

交通事故管理标志用以警告前方路段正在进行道路交通事故管理，车辆驾驶人应减速慢行、停车等候或绕道行驶。该标志可作为临时性标志设置在进行交通事故管理的路段前。

交通事故管理标志

8. 建议速度标志

建议速度标志用以提醒车辆驾驶人以建议的速度行驶。建议速度和限制速度不同，仅表示警告和建议。建议速度标志设置在靠近出口、匝道的位置。

建议速度标志　　匝道建议速度　　弯道建议速度

9. 注意潮汐车道标志

注意潮汐车道标志用以警告车辆驾驶人注意前方将进入潮汐车道，设置在靠近潮汐车道路段的起点前。

注意潮汐车道标志

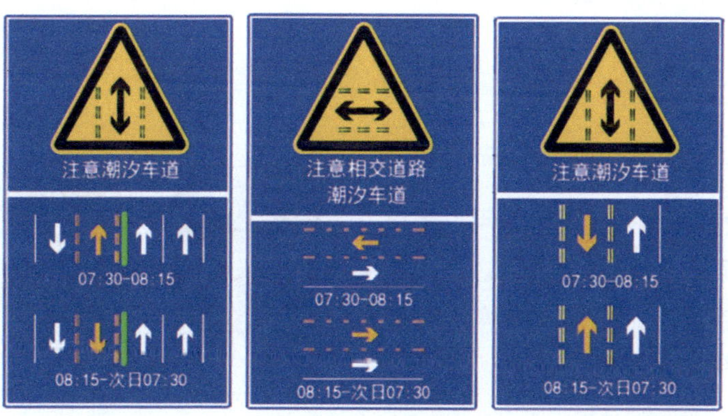

注意潮汐车道标志及详细信息

10.注意保持车距标志

注意保持车距标志用以警告车辆驾驶人注意和前车保持安全距离，设置在经常发生车辆追尾事故的路段。

注意保持车距标志

11.注意合流标志

注意合流标志用以警告车辆驾驶人注意前方有车辆会合，要防止发生车辆剐蹭或挤撞事故，设置在主路的合流点前。

注意合流标志

前方路段注意合流车辆

12.注意车道数变少标志

注意车道数变少标志用以提醒车辆驾驶人注意前方车道数量变少，需谨慎驾驶，设置在车道数量变少的路段前。

注意车道数变少标志

13.避险车道标志

避险车道标志用以提醒货车驾驶人注意前方道路设置有避险车道。如果条件允许，宜在避险车道前方1km、500m左右及其他合适位置分别设置预告标志。

避险车道标志

前方1km处有避险车道

前方500m处有避险车道

14.注意路面结冰、注意雨（雪）天、注意雾天、注意不利气象条件标志

注意路面结冰、注意雨（雪）天、注意雾天、注意不利气象条件标志用以警告车辆驾驶人注意路面结冰、注意雨（雪）天、注意雾天、注意不利气象条件等，应谨慎驾驶。

注意路面结冰标志

注意雨（雪）天标志

注意雾天标志

注意不利气象条件标志

15. 注意前方车辆排队标志

注意前方车辆排队标志用以提醒车辆驾驶人注意前方车辆排队，应该按照顺序排队通过，不可超车。

注意前方车辆排队标志

16. 线形诱导标

线形诱导标用以引导行车方向，提醒驾驶人谨慎驾驶，注意前方道路变化。线形诱导标设置在弯道的外侧，如环岛中心岛、视线不好的T形交叉口、中央隔离设施或渠化设施端部等处。

线形诱导标

左侧通行

两侧通行

右侧通行

线形诱导标的运用

17. 注意积水标志

注意积水标志用以提醒车辆驾驶人注意前方路段积水，设置在下穿道路等雨天易积水的路段，车行道路面标高最低处附近的位置。

注意积水标志

第五章

一般道路指路标志

一般道路指路标志按照功能不同，分为路径指引标志、地点指引标志、道路沿线设施指引标志和其他道路信息指引标志。

一、路径指引标志

1. 交叉路口预告标志

交叉路口预告标志用以预告前方交叉路口的形式、交叉道路的编号或名称、通往方向、路线方向以及距前方交叉路口的距离等信息。交叉路口预告标志设置在交叉路口前120～300m处。

交叉路口预告标志

交叉路口预告标志有图形式、车道式和堆叠式三种。

图形式交叉路口预告标志

车道式交叉路口预告标志

堆叠式交叉路口预告标志

2.交叉路口告知标志

交叉路口告知标志用以告知前方交叉路口的形式、交叉道路的编号或名称、通往方向、路线方向等信息，设置在交叉路口前30～50m处。

（1）**道路编号标志**用以指示道路编号，设置在国道、省道、县道、乡道上交叉路口前30～50m处。

国道编号标志

省道编号标志

县道编号标志

乡道编号标志

（2）**路名标志**用以指示前方道路的名称。

路名标志

（3）**道路名称方向标志**用以指示前方道路的名称及方向。

道路名称方向标志

3.确认标志

确认标志用以确认当前所行驶道路的信息及前方通往方向的信息。

（1）**道路编号标志**表示当前道路编号，应设置在交叉路口后10～60m范围内。

（2）**路名标志**表示当前道路名称，设置在交叉路口后10～60m范围内。

（3）**地点距离标志**指引前方经过的重要道路编号、道路名称、地名和距离，设置在交叉路口后约100m处。

地点距离标志

二、地点指引标志

1.地名标志

地名标志设置在道路沿线经过的市、县（区）、镇（乡）、村的边缘处。

地名标志

2.分界标志

分界标志设置在行政区划的分界处，或设置在道路养护段、道班管辖分界处。

行政区划分界标志

道路管理分界标志

3.地点识别标志

地点识别标志为道路使用者提供各种重要场所的识别和指向，设置在所识别的场所前。

急救站

飞机场

多个重要场所

加油站

电动汽车充电站

地铁

三、道路沿线设施指引标志

1. 停车场（区）标志

停车场（区）标志用以指引停车场（区）的位置，设置在停车场（区）入口附近。

露天停车场（区）标志

室内停车场（区）标志

2. 错车道标志

错车道标志用以提示驾驶人前方设置有避让来车的路面，设置在靠近双向错车困难的路段。

错车道标志

3. 港湾式紧急停车带标志

港湾式紧急停车带标志用以指引港湾式紧急停车带的位置，设置在港湾式紧急停车带前。

港湾式紧急停车带标志

4. 人行天桥标志和人行地下通道标志

人行天桥标志和人行地下通道标志用以指引行人通往天桥或地下通道入口的位置，设置在天桥或地下通道入口附近，并可设置辅助标志指示其入口方向或距离。

人行天桥标志

人行地下通道标志

人行天桥附近的标志

人行地下通道入口处的标志

5. 无障碍设施标志

无障碍设施标志用以指引无障碍设施的位置，设置在无障碍设施附近。

无障碍设施标志

6.服务站标志

服务站标志用以指引服务站的位置，设置在服务站入口附近。

服务站标志

7.停车点标志

停车点标志用以指引停车点的位置，设置在停车点入口附近。

停车点标志

8.观景台标志

观景台标志用以标明可供游人观赏风景的地点，设置在观景台起点附近。

观景台标志

9.应急避难设施（场所）标志

应急避难设施（场所）标志用以指引应急避难设施的位置，设置在应急避难场所、隧道等设施的疏散通道以及其他应急避难设施的附近。

应急避难设施（场所）标志

应急避难设施（场所）的方向指示

10.超限检测站标志

超限检测站标志用以预告和指引超限检测站的位置。

设置在距超限检测站500m处的超限检测站标志

设置在超限检测站入口处的超限检测站标志

四、其他道路信息指引标志

1.绕行标志

绕行标志用以提示车辆在前方路口需绕行的路线，设置在路口前。

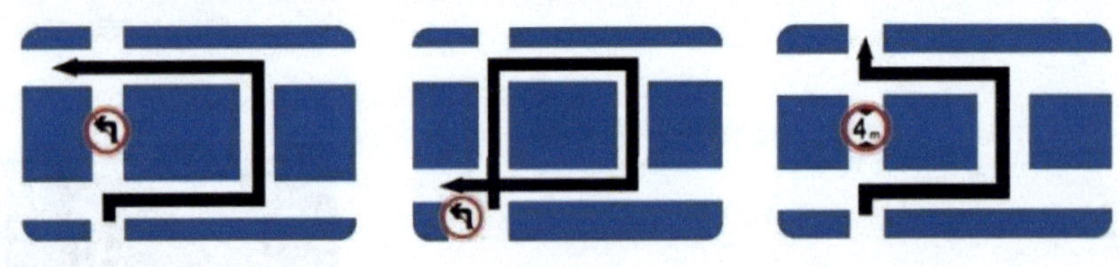

绕行标志

2.此路不通标志

此路不通标志用以表明前方道路无出口，无法通行。

此路不通标志

3. 隧道出口距离标志

隧道出口距离标志用以告知到前方隧道出口的距离。长度超过5km的特长隧道内，从距离隧道出口3km处起，一般会设置3km、2km、1km的隧道出口距离标志。标志设置在隧道顶部、隧道侧壁或紧急停车带迎车面的洞壁上。

设置在隧道顶部的隧道出口距离标志

设置在隧道侧壁或紧急停车带迎车面的洞壁上的隧道出口距离标志

4. 方向标志

方向标志用以指引道路路线方向，与指路标志一起使用，包括东、南、西、北四个方向。

设置在指路标志版面外的方向标志

设置在指路标志版面中的方向标志

5. 里程碑、里程牌

里程碑、里程牌用以表明公路的里程。里程碑设置在公路桩号递增方向的右侧。如路侧条件受限无法设置里程碑，则可设置里程牌。

里程碑

里程牌

6. 百米桩

百米桩标志设置在公路右侧的里程碑之间，每100m设置一个。

百米桩

7. 公路界碑

公路界碑设置在公路两侧用地范围的分界线上。

公路界碑

第六章
高速公路及城市快速路指路标志

高速公路及城市快速路指路标志按照功能不同，分为路径指引标志、沿线信息指引标志和沿线设施指引标志。

一、路径指引标志

1. 入口预告标志

入口预告标志用以指引进入高速公路或城市快速路的入口，设置在驶入高速公路或城市快速路前的一般道路上。

距入口500m的预告标志

左侧入口预告标志

右侧入口预告标志

驶入的高速公路或城市快速路为两条路重合路段，入口预告标志会同时指出两条路的编号信息及驶入道路的方向信息。

距入口500m

左侧入口

右侧入口

两条高速公路路段重合的入口预告标志

2.地点、方向标志

地点、方向标志用以指引高速公路或城市快速路两个行驶方向，设置在驶入高速公路或城市快速路的匝道分岔点处。

地点、方向标志

带编号信息的地点、方向标志

带编号、方向信息的地点、方向标志

3. 高速公路编号标志

高速公路编号标志用以表明高速公路的编号，用在指路标志上，一般不单独使用。

国家高速公路编号标志

省级高速公路编号标志

4. 命名编号标志

命名编号标志用以指引高速公路的名称与编号，作为确认标志设置在高速公路互通式立体交叉加速车道的渐变段终点后，也可在主线中以适当的距离重复设置。

国家高速公路命名编号标志

省级高速公路命名编号标志

5. 路名标志

路名标志用以表明城市快速路的名称，作为确认标志设置在城市快速路互通式立体交叉加速车道的渐变段终点后，也可在主线中以适当的距离重复设置。

路名标志

6. 地点距离标志

地点距离标志用以预告前方要经过的重要地点、道路名称或编号以及距离，作为确认标志设置在互通式立体交叉加速车道的渐变段终点后1km附近。

地点距离标志

前方城市区域有多个出口时，地点距离标志应表明前方城市的出口数量及相应的地点距离信息，设置在该城市第一个互通式立体交叉的第一块出口预告标志前，表明前方城市出口的数量。

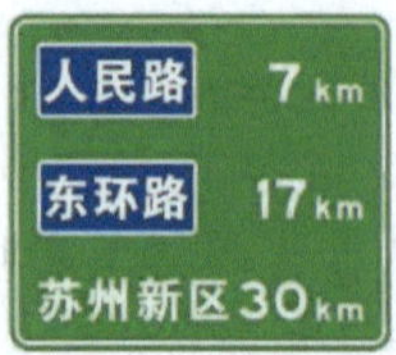

城市区域有多个出口时的地点距离标志

地点距离标志除了能预告当前高速公路到达的地点距离信息外，还能同时预告前方到达道路上的地点距离信息。

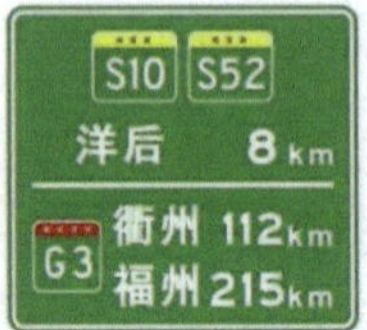

同时预告前方到达道路上信息的地点距离标志

7. 出口编号标志

出口编号标志用以表示出口编号。该标志不单独设置，通常设置于出口预告标志、出口方向标志的顶角处，并根据出口的相对位置设置在左上角或右上角。

出口在主线右侧

出口在主线左侧

出口编号标志

8. 出口预告标志及出口方向标志

（1）在距离出口2km、1km、500m和出口处分别设置了2km、1km、500m出口预告标志及出口方向标志，用以预告和指引出口；并应同时设置出口编号标志。枢纽互通式立体交叉在距离出口3km处，会增加3km出口预告标志。城区互通式立体交叉间距较近时，可不设置2km出口预告标志。

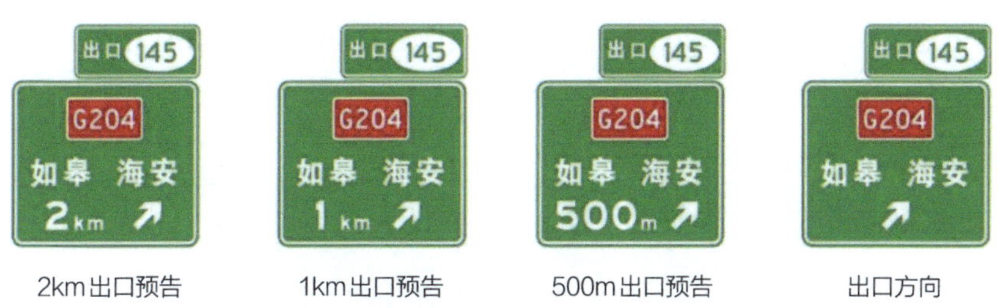

2km出口预告　1km出口预告　500m出口预告　出口方向

一般互通式立体交叉出口后道路有编号的出口预告及出口方向标志

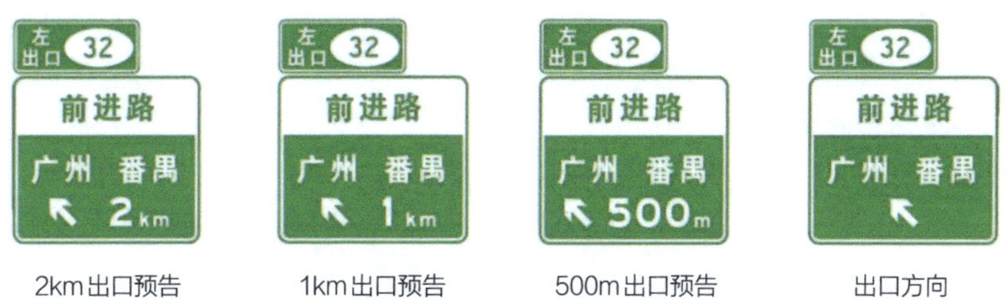

2km出口预告　1km出口预告　500m出口预告　出口方向

一般互通式立体交叉出口后道路无编号的出口预告及出口方向标志

3km出口预告　2km出口预告　1km出口预告　500m出口预告

枢纽互通式立体交叉的出口预告标志

枢纽互通式立体交叉的出口方向标志

枢纽互通式立体交叉出口预告标志、出口方向标志处会增加主线方向信息指引，主线方向信息指引的箭头向上表示行车方向，也可向下对着车道。

枢纽互通式立体交叉主线方向信息指引标志

（2）直出车道是指从主线连续行驶不变车道直接驶出高速公路的主线车道。有直出车道的互通式立体交叉出口预告标志、出口方向标志的箭头部分采用黄底黑箭头。

直出车道出口方向标志

9. 300m、200m、100m出口预告标志

300m、200m、100m出口预告标志用以预告距离前方出口还有300m、200m、100m，设置在枢纽互通式立体交叉的出口前300m、200m、100m处。

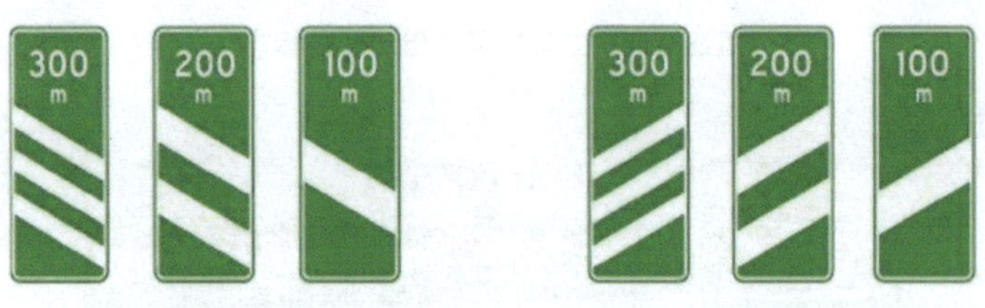

设置于出口左侧　　设置于出口右侧

300m、200m、100m出口预告标志

10. 出口标志

出口标志用以指引高速公路或城市快速路出口，设置在高速公路或城市快速路驶出匝道的分流鼻端部。

出口标志

左出口标志

11. 下一出口预告标志

当互通式立体交叉间距大于8km时，可设置下一出口预告标志，预告下一出口的信息和距离，设置在500m出口预告标志的下方。

下一出口预告标志

二、沿线信息指引标志

1. 公路起点标志

高速公路或城市快速路的起点标志设置在高速公路或城市快速路的起点。

公路起点标志

2. 公路终点预告标志

公路终点预告标志用以预告高速公路或城市快速路终点，设置在距离高速公路或城市快速路终点前2km、1km、500m处。

距终点2km

距终点1km

距终点500m

公路终点预告标志

3.公路终点标志

公路终点标志用以指示高速公路或城市快速路终点，设置在高速公路或城市快速路终点处。

公路终点标志

4.道路交通信息标志

道路交通信息标志用以指示收听高速公路或城市快速路交通信息广播的频率。

道路交通信息标志

5.里程牌和百米牌

（1）**里程牌**用以指示高速公路或城市快速路的里程、公路编号或名称，一般以单柱形式设置于高速公路两侧或中央分隔带内。

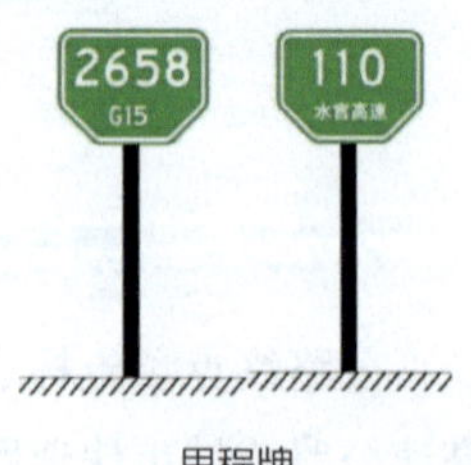

里程牌

（2）**百米牌**设置在高速公路或城市快速路两侧的里程牌之间，每隔100m设置一块。

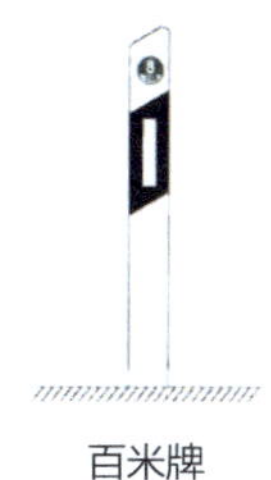

百米牌

6. 停车领卡标志

停车领卡标志用以提示驾驶人前方要停车领卡，设置在进入高速公路收费站入口的一侧。

停车领卡标志

7. 特殊天气建议速度标志

特殊天气建议速度标志用以提醒驾驶人在雨、雪、雾等特殊天气下，以建议速度行驶。特殊天气建议速度标志和白色半圆状车距确认线配合使用。在特殊天气下，仅能看到前方一个半圆状车距线时，建议车速为50km/h；仅能看到前方两个半圆状车距线时，建议车速为60km/h。

建议车速为50km/h

建议车速为60km/h

特殊天气建议速度标志

三、沿线设施指引标志

1. 紧急电话标志

紧急电话标志用以指示高速公路紧急电话的位置。电话位置指示标志用以指示距出事点最近的紧急电话的方向及距离。

紧急电话标志

距离右边400m

距离左、右边500m

电话位置指示标志

2. 救援电话标志

救援电话标志用以指示救援电话号码。在未设置紧急电话的高速公路上都会设置救援电话标志。

救援电话标志
注：电话号码为示例

3. 收费站预告及收费站标志

收费站预告及收费站标志用以指示前方设置有收费站，一般在距收费广场渐变段起点2km、1km、500m处及渐变段起点处对应设置收费站预告及收费站标志。

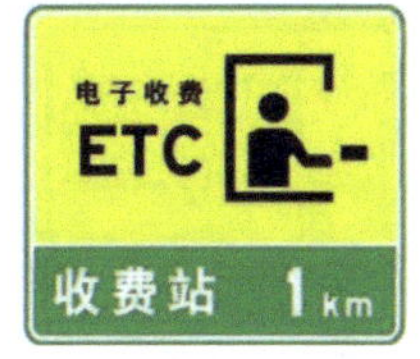

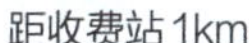
距收费站1km

距收费站500m

收费站

设置有电子不停车收费（ETC）车道的收费站预告及收费站标志

4. 电子不停车收费（ETC）车道指引标志

电子不停车收费（ETC）车道指引标志用以指示前方设置有电子不停车收费车道，设置在收费广场渐变段起点前300m处。

电子不停车收费（ETC）车道指引标志

5. 电子不停车收费（ETC）车道、人工收费车道、绿色通道标志

电子不停车收费（ETC）车道、人工收费车道、绿色通道标志用以指明电子不停车收费（ETC）车道、人工收费车道、绿色通道，设置于收费大棚收费车道的上方。

电子不停车收费（ETC）车道标志

人工收费车道标志

绿色通道标志

6. 服务区预告标志

服务区预告标志用以预告服务区的位置，分别设置在距服务区入口2km和1km处、服务区入口前及服务区入口处。

服务区预告标志

7.停车区预告标志

停车区预告标志用以预告停车区的位置，分别设置在距停车区入口1km处、停车区入口前及停车区入口附近。

停车区预告标志

8.爬坡车道标志

爬坡车道标志用以指示前方最右侧车道是大型重载车辆爬坡专用的车道。

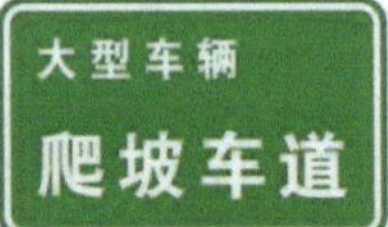

设置在爬坡车道渐变段起点前200m处的爬坡车道标志

设置在爬坡车道渐变段起点附近的爬坡车道标志

设置在较长爬坡车道中间适当位置的爬坡车道标志

设置在爬坡车道结束前适当位置的爬坡车道标志

第七章
旅游区标志

旅游区标志用以指引人们前往邻近的旅游区，识别通往旅游区的方向和距离，了解旅游项目的类别。旅游区标志分为旅游指引标志和旅游符号标志两类。

一、旅游指引标志

1. 旅游区距离标志

旅游区距离标志指明了到达旅游景点的距离。

旅游区距离标志

道路上的旅游区距离标志

2. 旅游区方向标志

旅游区方向标志设置在通往旅游区连接道路的交叉口处、高速公路或城市快速路出口的减速车道起点附近。

设置在交叉路口的旅游区方向标志

设置在减速车道起点的旅游区方向标志

二、旅游符号标志

旅游符号标志用以提供旅游项目类别、具有代表性的符号及前往各旅游景点的指引。

信息服务

徒步

索道

野营地

营火

旅居车营地

骑马

钓鱼

高尔夫球

潜水

游泳

划船

冬季游览区

滑雪

滑冰

旅游符号标志与旅游区名称常采用组合形式。

旅游符号标志与旅游区名称组合

第八章

告示标志

一、道路设施解释标志

1. 高速公路编号信息标志

高速公路编号信息标志用以告知驾驶人所在高速公路的编号及名称等信息。

高速公路编号信息标志

2. 交通监控设备信息标志

交通监控设备信息标志用以告知驾驶人交通监控设备信息，用于一般道路的使用白底、黑边框、蓝色图形标志，用于高速公路、城市快速路的使用白底、黑边框、绿色图形标志。

交通监控设备信息标志

区间测速起点

区间测速终点

前方区间测速长度500m

二、路外设施指引标志

路外设施指引标志用以指引对外服务的政府机关、餐饮住宿、24小时药店等。

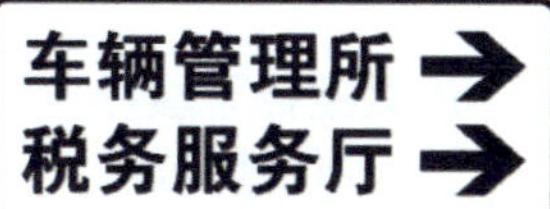

路外设施指引标志

三、行车安全提醒标志

行车安全提醒标志用以提醒驾驶人在行驶过程中需要注意的情况或需要避免的驾驶行为，包括相关法律法规禁止的行为。

（1）**驾驶时禁用手持电话标志**提醒驾驶人驾车时不要使用手持电话。

驾驶时禁用手持电话标志

（2）**禁扔弃物标志**提醒驾驶人、乘坐人员不要向车外抛撒物品。

禁扔弃物标志

（3）**系安全带标志**提醒驾驶人、乘坐人员应按规定使用安全带。

系安全带标志

（4）**交替通行标志**提醒驾驶人应依次交替通过合流处或车道减少的路口、路段。

交替通行

交替通行标志

（5）**严禁空挡下坡标志**提醒驾驶人在下坡路段不要空挡行驶。

严禁空挡下坡

严禁空挡下坡标志

（6）**前方车道控制标志**提醒驾驶人前方车道控制。

前方车道控制

车道开放

车道关闭

向右换道

前方车道控制标志

第九章
辅助标志

一、时间辅助标志

时间辅助标志根据需要对某些标志规定时间范围，应采用24小时制。

6:00-20:00

规定某个时段的时间辅助标志

7:00-9:00
17:00-19:00

规定某两个时段的时间辅助标志

二、车辆种类及属性辅助标志

车辆种类及属性辅助标志根据需要对某些标志规定车辆的种类、属性。

公交车除外

公交车除外

机动车

货车　　货车、拖拉机

三、行驶方向辅助标志

行驶方向辅助标志根据需要对禁令标志或指示标志规定行驶方向。

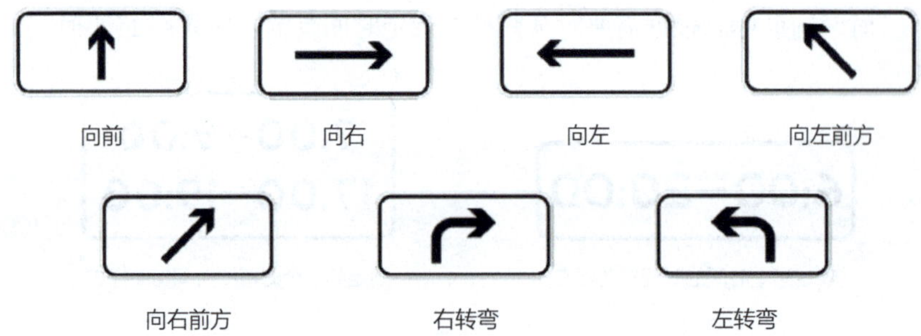

向前　向右　向左　向左前方

向右前方　右转弯　左转弯

四、区域或距离辅助标志

（1）根据需要对禁令标志或指示标志规定区域的范围。

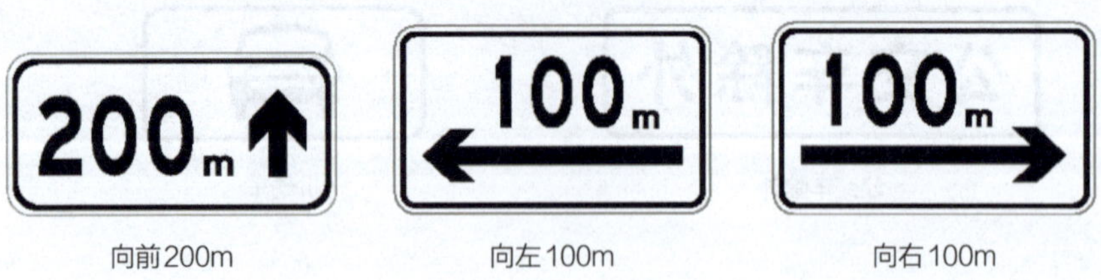

向前200m　向左100m　向右100m

向左、右

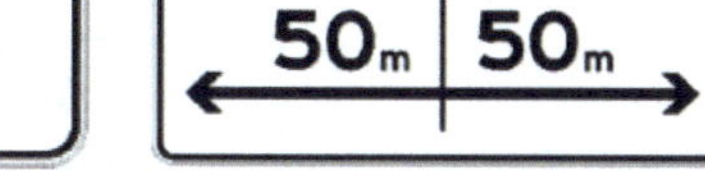

向左、右各50m

某区域内

(2)根据需要对警告标志、指路标志和旅游区标志表示到达所指地点的距离。

距离某地200m

(3)根据需要对警告标志和指路标志表示所指示设施或路段的长度。

长度300m

长度辅助标志的使用示例

五、设置理由辅助标志

设置理由辅助标志根据需要表示设置禁令、指示、警告标志的理由。

学校

海关

事故

塌方

教练车行驶路线

驾驶考试路线

六、组合辅助标志

如果在主标志下需要安装2块以上辅助标志时，可采用组合形式，但组合的信息不宜多于3种。

组合辅助标志

第二部分
道路交通标线

第十章
道路交通标线概述

一、道路交通标线的概念

道路交通标线是由施划或安装于道路上的各种线条、箭头、文字、数字、图案及立面标记、实体标记、突起路标和轮廓标等所构成的交通设施。交通标线可以精准地规范车辆的行驶路线、行驶方向、停车地点。它的作用是向道路使用者传递有关道路交通的规则、警告、指引等信息，来引导、限制、警告、管理车辆和行人等交通参与者。

道路交通标线可以与交通标志配合使用，也可以单独使用。

二、不同线条的功用

道路交通标线大多是以线条的形态呈现的，不同形态的线条、不同颜色的线条，具有不同的含义和功用。现行的道路交通标线主要用黄色和白色的虚线、实线及网状线来表示。

道路交通标线的名称、图例和含义表

编号	名称	图例	含义
1	白色虚线		施划在路段中时，用以分隔同向行驶的车流；施划在路口时，用以引导车辆行进

续表

编号	名称	图例	含义
2	白色实线		施划在路段中时，用以分隔同向行驶的车辆，或指示车行道的边缘；施划在路口时，用作导向车道线或停止线，或用以引导车辆行驶轨迹
3	黄色虚线		施划在路段中时，用以分隔对向行驶的交通流或用作公交专用车道线；施划在路口内时，用以告知非机动车禁止驶入的范围，或用作路口的导向线；施划在路侧或路缘石上时，表示禁止在路边长时停放车辆
4	黄色实线		施划在路段中时，用以分隔对向行驶的车流或用作公交车、校车专用停靠站标线；施划在路侧或路缘石上时，表示禁止在路边停车；施划为网状线时，表示禁止停车的区域；施划在停车位时，表示专属停车位
5	双白虚线		施划在路口时，作为减速让行线
6	双白实线		施划在路段中时，用以分隔同向行驶的车辆；施划在路口时，作为停车让行线

续表

编号	名称	图例	含义
7	白色虚实线		用以分隔对向行驶的车流，虚线侧允许车辆临时跨越，实线侧禁止车辆轧线和跨越
8	双黄实线		施划在路段中，用以分隔对向行驶的车流
9	双黄虚线		施划在城市道路路段中，用以指示潮汐车道；双黄线都变为虚线时，车辆可以在不影响对方车辆正常行驶的情况下越线转弯或掉头，但不可以、也不允许越线行驶和超车
10	黄色虚实线		施划在路段中时，用以分隔对向行驶的车流，实线侧禁止车辆轧线和越线，虚线侧准许车辆临时越线
11	橙色实线、虚线		用作作业区标线
12	蓝色实线、虚线		用作非机动车专用标线；施划为停车位标线时，用以指示免费停车位

三、道路交通标线的种类

道路交通标线划分方法和种类表

交通标线划分方法	种类	功能 / 设置方式 / 形态
按交通标线功能分类	指示标线	指示车行道、行车方向、路面边缘、人行道、停车位、停靠站及减速丘等的标线
	禁止标线	指示道路交通的遵行、禁止、限制等特殊规定的标线
	警告标线	促使道路使用者了解道路上的特殊情况，提高警觉、准备应变、采取防范措施的标线
按交通标线设置方式分类	纵向标线	沿道路行车方向设置的标线
	横向标线	与道路行车方向交叉设置的标线
	其他标线	字符标记或其他形式的标线
按交通标线形态划分	线条	施划于路面、路缘石或立面上的实线或虚线
	字符	施划于路面上的文字、数字及各种图形、符号
	突起路标	安装于路面上用以标示车道分界、边缘、分合流、弯道、危险路段、路宽变化、路面障碍物位置的反光体或不反光体
	轮廓标	安装于道路两侧，用以指示道路边界轮廓、道路前进方向的反光柱（或反光片）

第十一章 指示标线

一、纵向指示标线

1.可跨越对向车行道分界线

可跨越对向车行道分界线为黄色虚线，施划在道路中间，用以分隔对向行驶的车流，在不影响对向来车的前提下，可以越线超车或转弯。

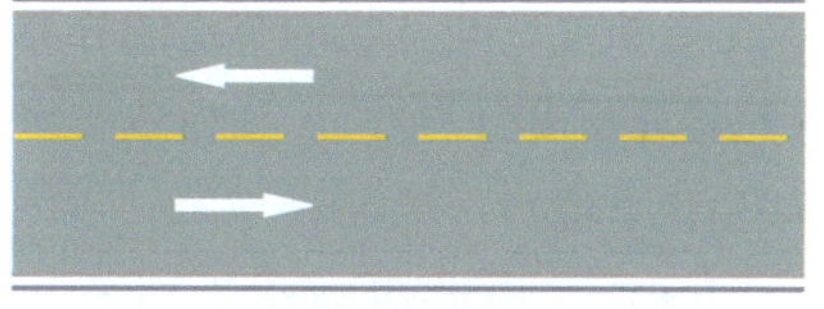

可跨越对向车行道分界线

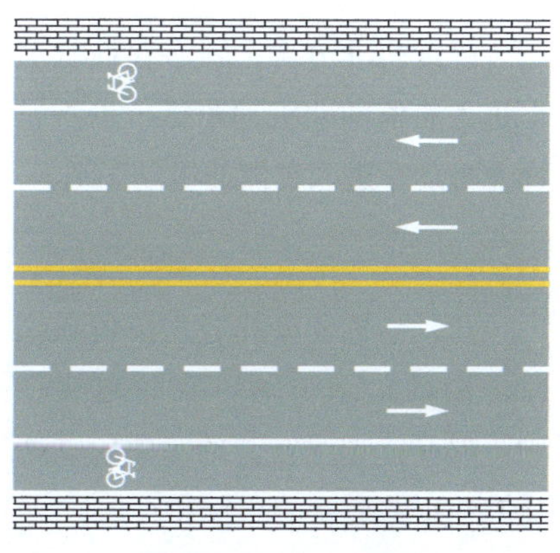

可跨越同向车行道分界线

2.可跨越同向车行道分界线

可跨越同向车行道分界线为白色虚线，用以分隔相同方向的机动车道。同向车行道分界线设置在同向行驶的车行道分界上，在保障安全的情况下，允许车辆短时越线行驶（超车或变更车道）。

3.潮汐车道线

同一车道车辆行驶方向可随交通管理需要进行变化的车道称为潮汐车道。以两条黄色虚线并列组成的双黄虚线作为其指示标线，指示潮汐车道的位置。

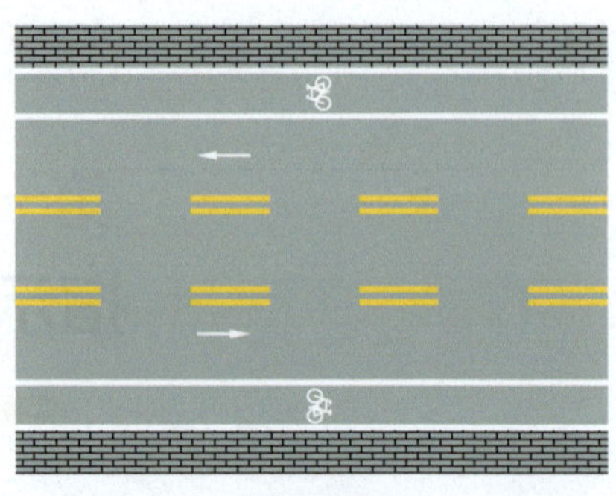
潮汐车道线

4.车行道边缘线

施划于机动车道与非机动车道之间的交通标线称为车行道边缘线，用来指示机动车道的边缘或用来划分机动车与非机动车道的分界（也称作机非分界线），为白色实线或白色虚线。

（1）车行道边缘线为白色实线，划分机动车道与非机动车道分界时，用以指示禁止车辆跨越车行道边缘或机非分界，即不允许机动车进入右侧的非机动车道，也不允许非机动车进入左侧的机动车道。

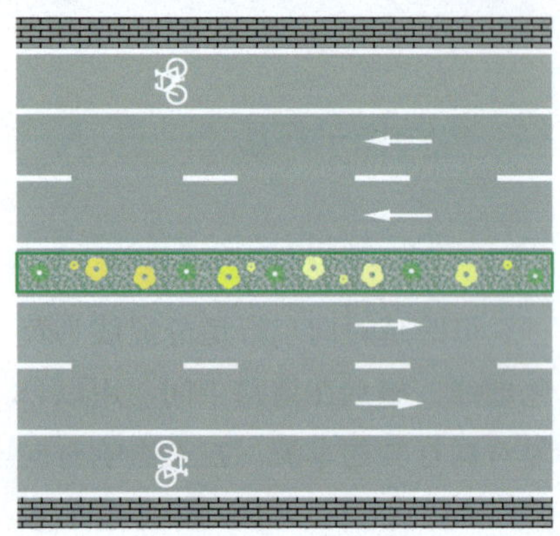
车行道边缘线为白色实线

（2）当机非分界线为白色虚线时，用以指示车辆可临时越线行驶。但是，越线行驶的车辆应该避让其他正常通行的车辆和行人。

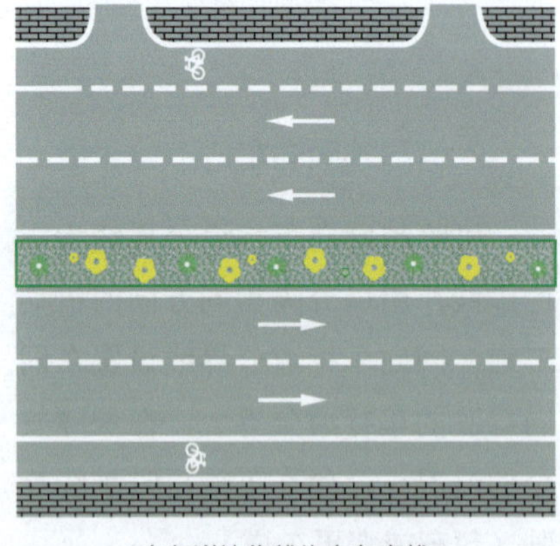
车行道边缘线为白色虚线

（3）当机非分界线为白色虚实线时，虚线一侧的车辆可以越线行驶，以便引导车辆靠边停车和驶离停车地点，但越线行驶的车辆应避让其他正常行驶的车辆和行人；实线侧不允许车辆越线行驶。白色虚实线施划在公交站点和允许路边停车的路段。

车行道边缘线为白色虚实线

（4）当两侧为通行方向相反的非机动车道、中间为一条机动车单行道时，机动车道左侧的机非分界线为黄色单实线，用以分隔对向行驶的机动车和非机动车；机车道右侧的机非分界线为白色单实线，用以分隔同向行驶的机动车和非机动车。

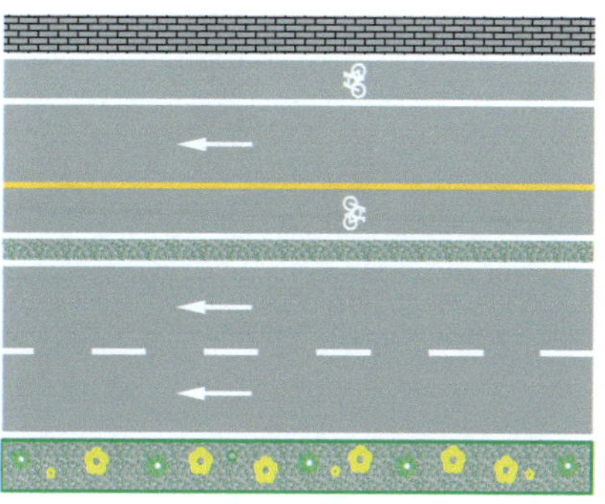
车行道边缘线为黄色和白色单实线

5. 左弯待转区线

左转弯车道前方的白色虚线为左弯待转区线，用来指示左转弯车辆可在直行时段进入待转区等待左转弯的位置。当左转弯车道右侧的直行车道为绿灯时，左转弯车辆应该进入待转区，直行时段结束，不允许车辆在待转区内停留。

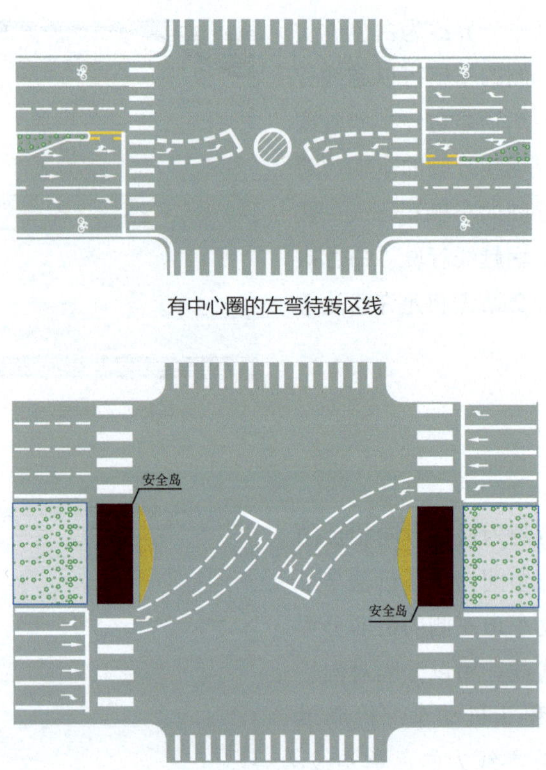

有中心圈的左弯待转区线

无中心圈的左弯待转区线

6. 路口导向线

在面积较大、形状不规则的平面交叉路口，应设置路口导向线，将左转弯车辆的入口车道与出口车道用虚线连接起来，用以辅助车辆左转弯行驶。

白色虚线路口导向线表示左转弯的机动车与非机动车之间的分界线。左转弯的机动车在导向线的左侧通行，左转弯的非机动车在导向线的右侧通行。

黄色虚线路口导向线将左转弯入口车道与最近的出口车道用黄色虚线连接起来，可引导左转弯的车辆走捷径，缩短在路口的通行时间。

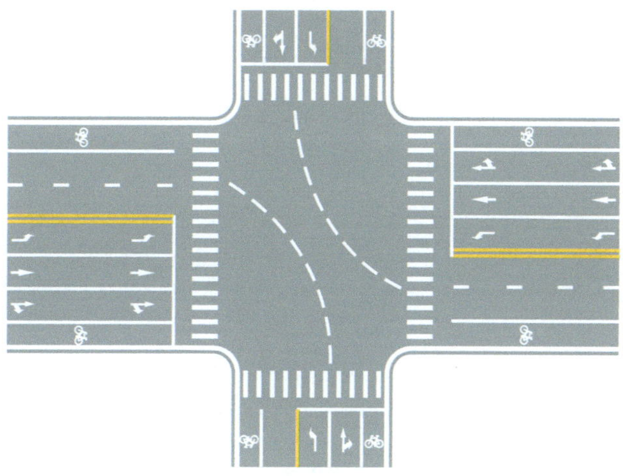

白色虚线路口导向线

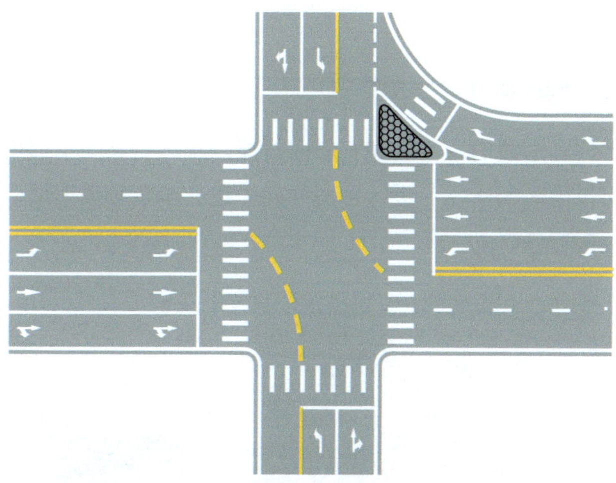

黄色虚线路口导向线

7. 导向车道线

导向车道线是设置于路口驶入段的车行道分界线，用以指示车辆应按车道行驶方向标志显示的指向行驶，是利用白色实线来施划的。

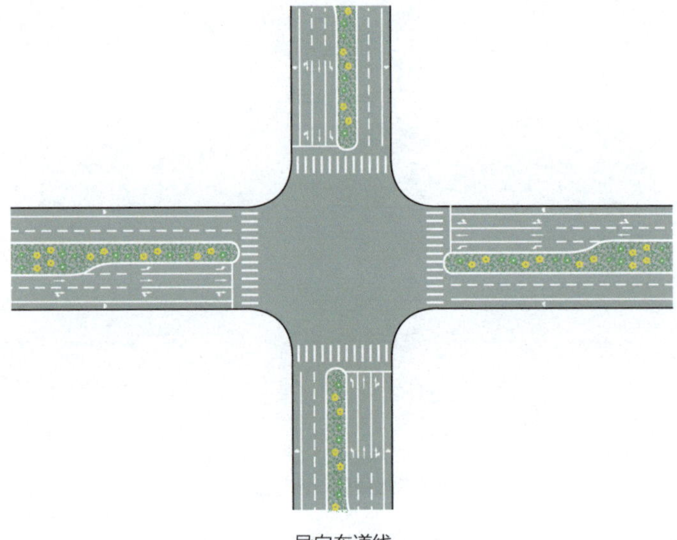

导向车道线

8. 可变导向车道线

可变导向车道线的内侧施划有斜向折线，在可变导向车道内，车辆的通行方向可以随时间变化。进入可变导向车道的车辆应按车道行驶方向标志显示的指向行驶。

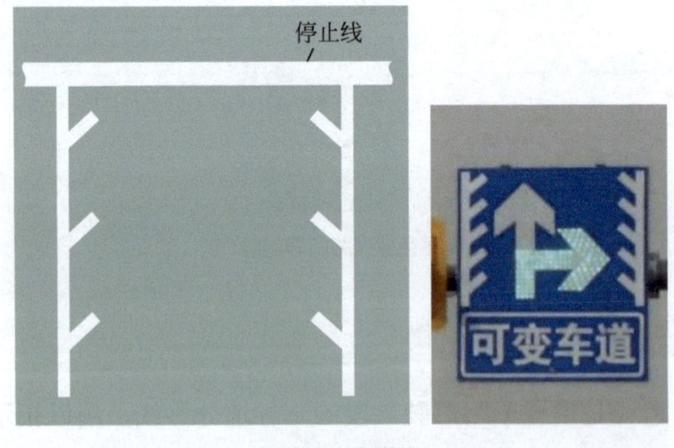

可变导向车道线

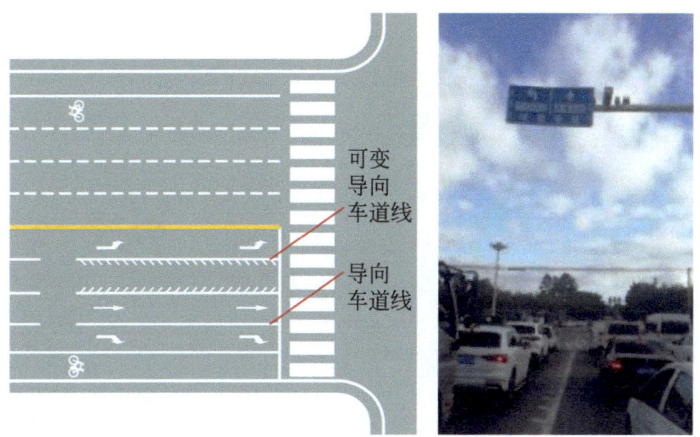

可变导向车道线的运用

二、横向指示标线

1. 人行横道线

人行横道线为白色平行粗实线，设置在交叉路口。人行横道线一方面为行人横穿道路指引路径，另一方面提示机动车驾驶人注意减速礼让人行横道线内的行人和非机动车。

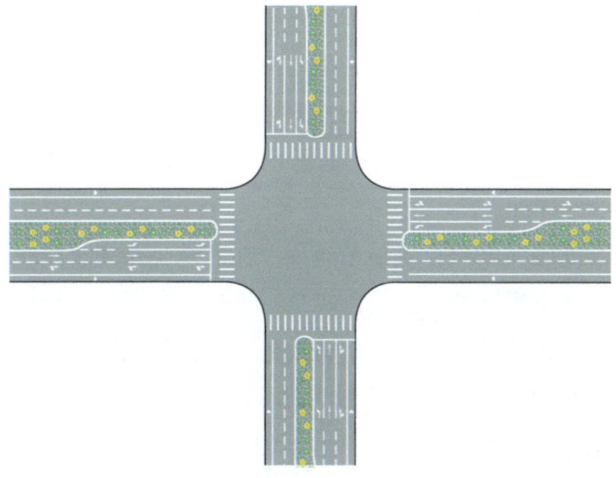

与道路中心线垂直的人行横道线

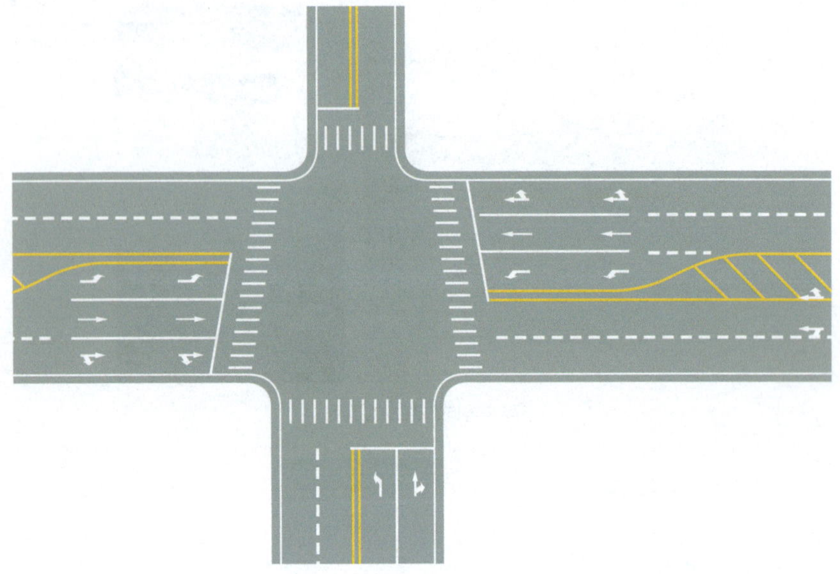

与道路中心线斜交的人行横道线

2. 车距确认线

在高速公路上车距确认线是车辆驾驶人保持行车安全距离的参考。在高速公路上行驶的车辆速度快，必须与前车保持足够的间距，才能防止追尾事故的发生。当车速超过100km/h时，应该与前车保持100m以上的跟车距离；当车速低于100km/h时，与前车的跟车距离可以适当缩短，但最小间距不得少于50m。

为了便于驾驶人准确目测跟车距离，在高速公路较长直线段、易发生追尾事故或其他有需要的路段，每隔50m设置有车距确认标志，同时在地面上还施划有车距确认线。车距确认线分为白色折线车距确认线和白色半圆状车距确认线两种类型。驾驶人可利用这些标志、标线作为参照物，保持与前车的跟车安全距离。

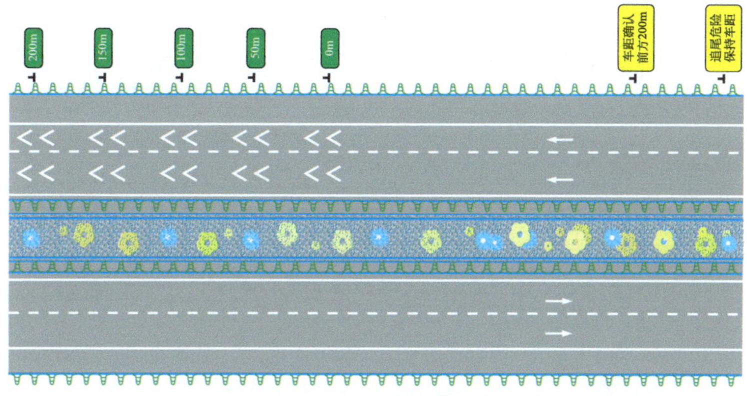

白色折线车距确认线

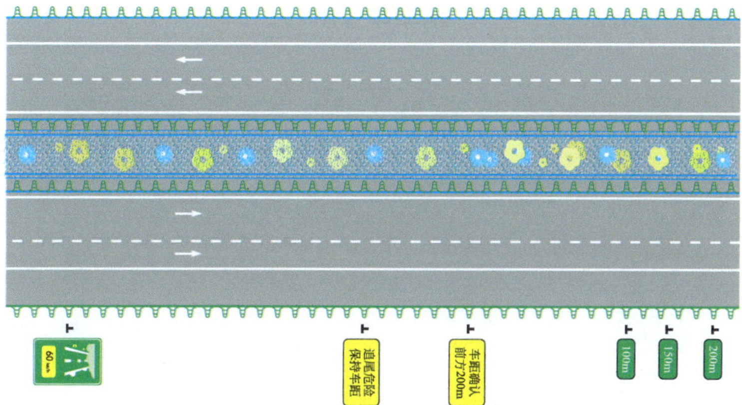

白色半圆状车距确认线

三、其他指示标线

1. 道路入口标线

道路入口标线为白色标线，施划在普通道路与高速公路的交会处，减少车辆与突出部缘石碰撞的可能，为车辆平稳提速汇入高速车流提供安全通道。

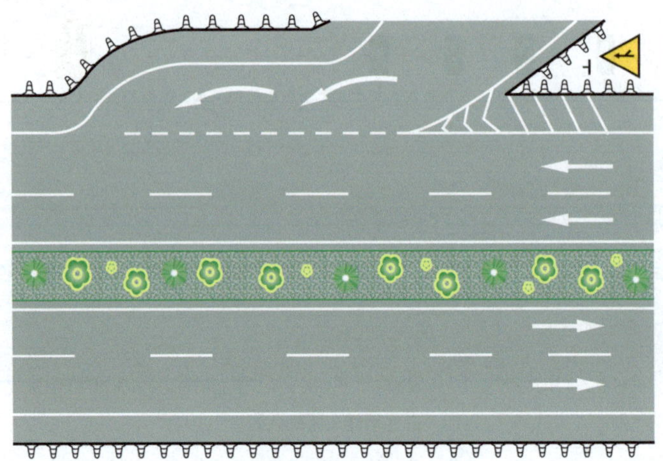

斜式道路入口标线

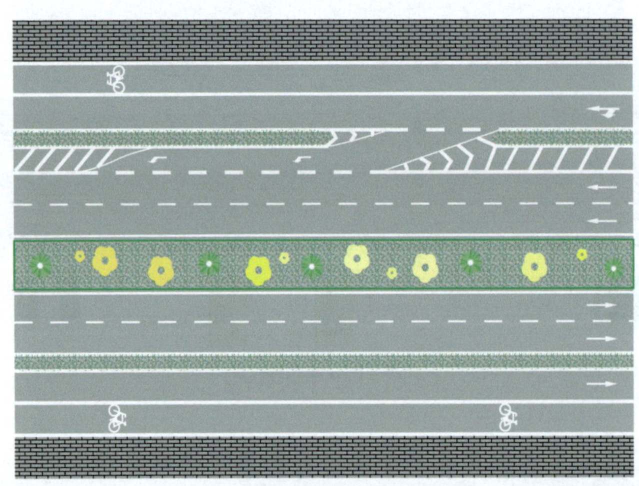

平行式道路入口标线

2. 道路出口标线

道路出口标线为白色标线，施划在高速公路与普通道路的交会处，为车辆平稳减速，以便通过高速公路收费站提供安全通道。

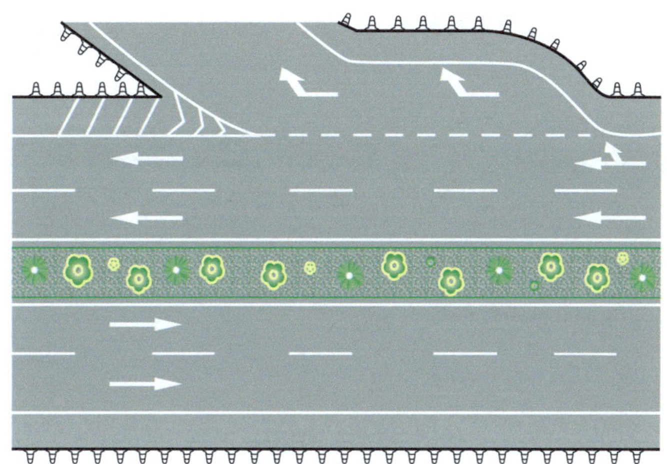

斜式道路出口标线

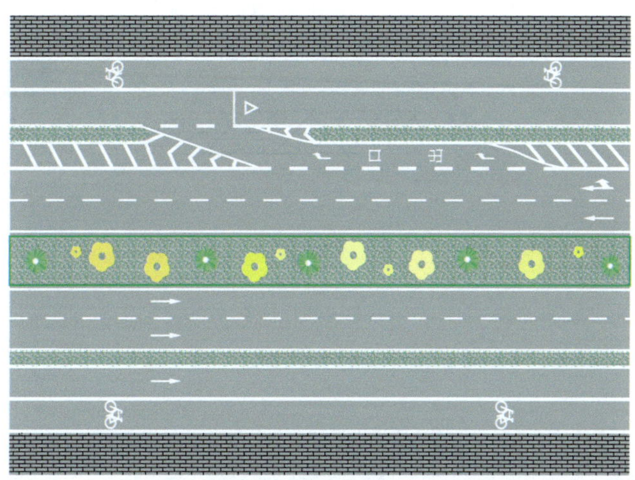

平行式道路出口标线

3. 停车位标线

停车位标线表示车辆可以停放的位置。停车位标线施划在停车场或准许停车的地点，包括机动车停车位标线和非机动车停车位标线。机动车停车位标线分为平行式停车位标线、倾斜式停车位标线、垂直式停车位标线等形式。

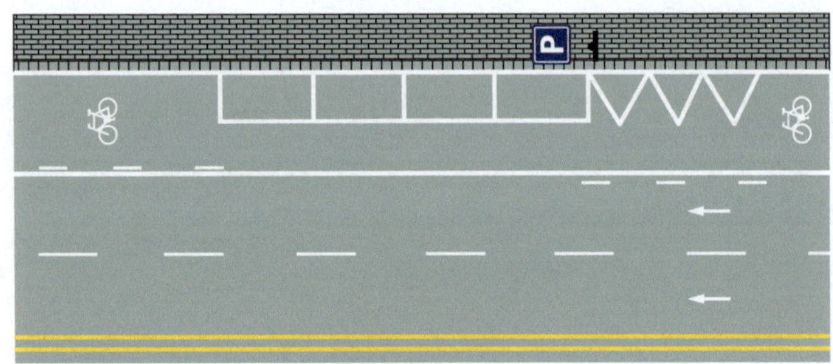

平行式停车位标线

倾斜式停车位标线

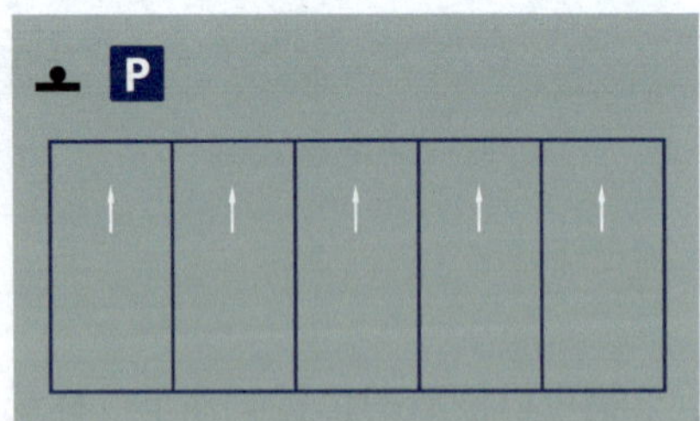

垂直式固定停车方向停车位标线

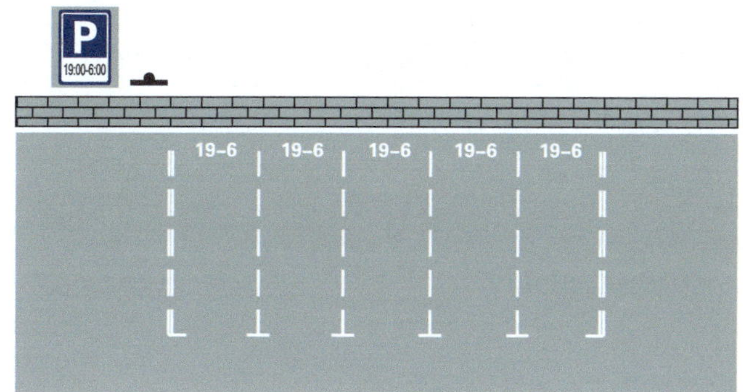

垂直式机动车限时停车位标线

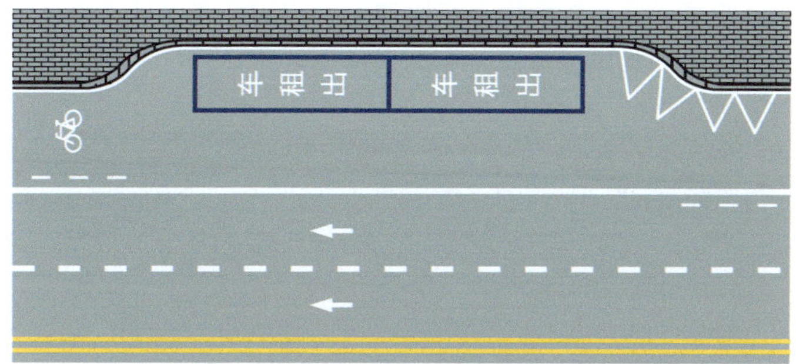

出租车专用待客停车位标线

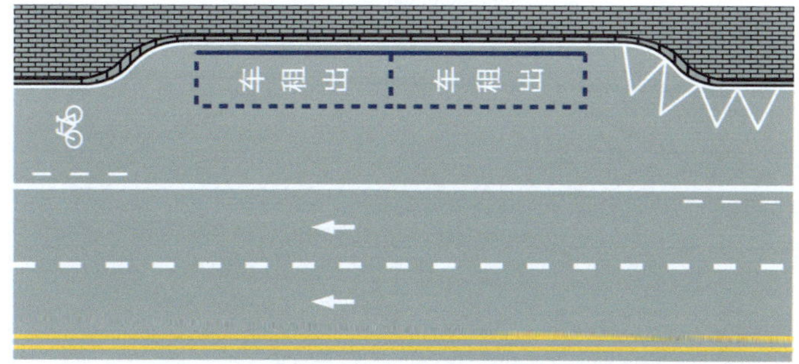

出租车专用上下车停车位标线

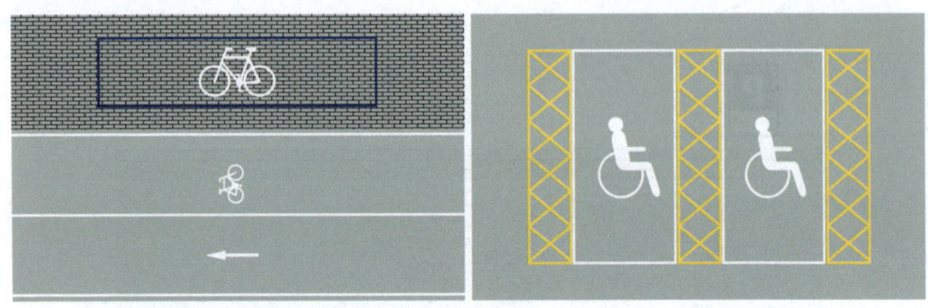

非机动车停车位标线　　残疾人专用停车位标线

4. 停靠站标线

停靠站标线主要用以引导公交车、校车停靠站的路线和地点。

（1）**港湾式停靠站标线**表示车辆通向专门的分离引导和停靠位置，有白色实线施划的和利用导流线及分隔带施划的两种。

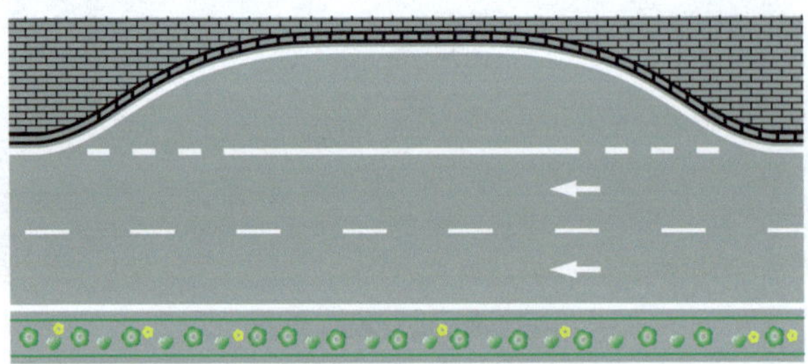

白色实线施划的港湾式停靠站标线

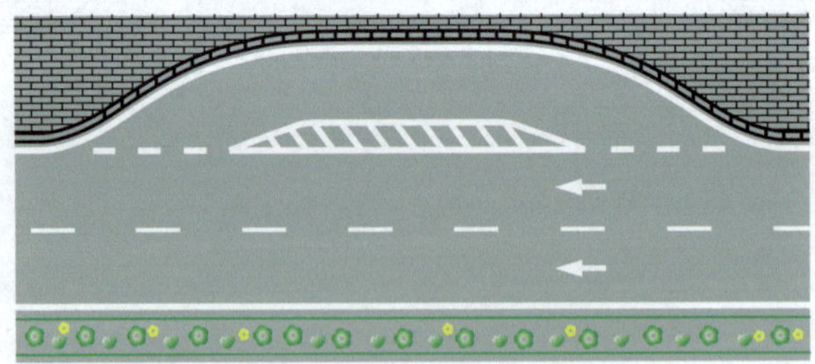

利用导流线及分隔带施划的港湾式停靠站标线

（2）在公交车客流量比较小的路段、由于路面宽度的限制或者用作校车停靠时，可以施划**路边式停靠站标线**。

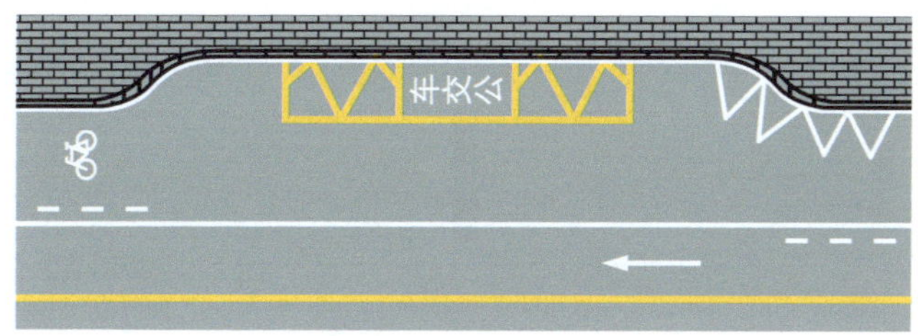

路边式公交车停靠站标线

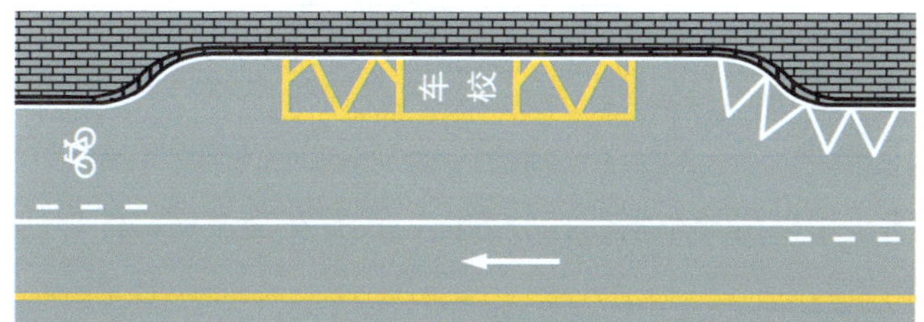

路边式校车停靠站标线

5.减速丘标线

减速丘又称缓冲带，是安装在路面上的一种条状减速设施，高出路面6～10cm，横跨在车行道上。车辆只有低速行驶才能平稳通过减速丘，可以起到强制车辆降低车速的作用。减速丘一般设置在容易发生交通事故的路段，需要在减速丘的来车方向施划减速丘标线，以便提示车辆驾驶人提前减速。

减速丘的设置

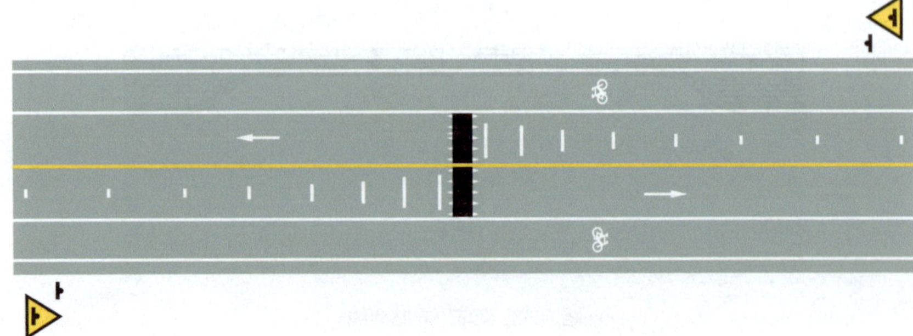

减速丘标线与路面突起标志

6.导向箭头

导向箭头用以引导车辆的行驶方向，设置在交叉道口的导向车道内及出口匝道附近。

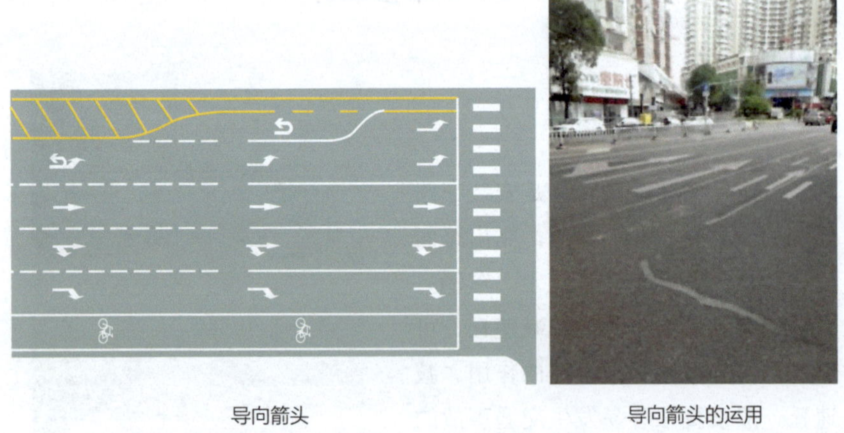

导向箭头　　　　导向箭头的运用

导向箭头的颜色为白色，导向箭头的基本形状及含义见下表。

导向箭头的基本形状及含义表

导向箭头	含义	导向箭头	含义	导向箭头	含义
	指示前方可直行		指示前方可直行或掉头		指示前方可直行或左转
	指示前方可左转或掉头		指示前方左转		指示前方道路仅可左右转弯
	指示前方右转		提示前方道路有左弯或需向左合流		指示前方可直行或右转
	提示前方道路有右弯或需向右合流		指示前方掉头		

7.路面文字标记

路面文字标记是指施划或喷涂在路面上的用以指示或限制车辆行驶的交通指令。速度限制标记（路面文字标记）表示车辆行驶的限制车速，用于需要限制车辆最高行驶速度或最低行驶速度的车道起点和其他适当位置。表示最高限速值数字的颜色为黄色，可单独使用；表示最低限速值数字的颜色为白色，应和最高限速值数字同时使用。

下图中靠向中央分隔带车道的限速为100～120km/h，靠两侧车道的限速为80～100km/h。

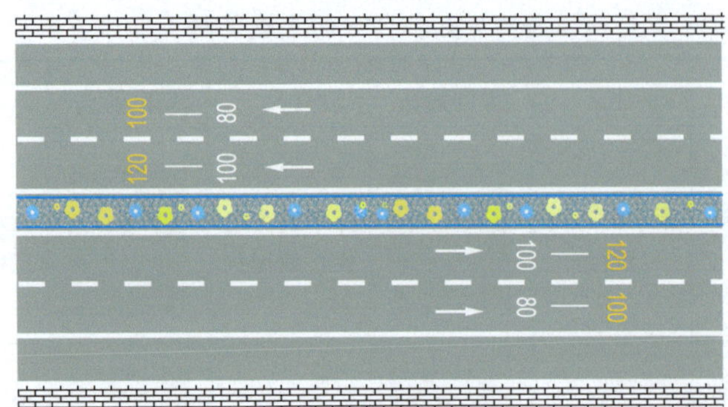

路面限速数字

在交通情况复杂的事故易发地点，除了在道路右侧设置最高限速标志之外，还可以将最高限速标志直接施划在路面上，以便引起车辆驾驶人的注意。

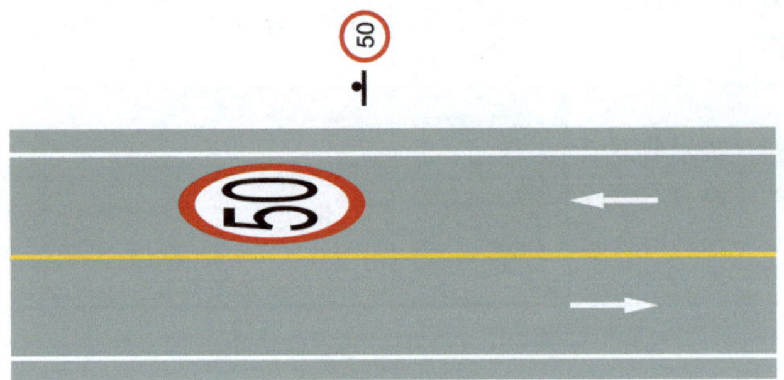

路面限速图案

8. 路面图形标记

非机动车道线由车道线、非机动车标记图案和“非机动车”文字组成。一般情况下仅在车道内施划非机动车标记图案而不标文字，表示本车道为非机动车道，除特殊点段外，供非机动车通行，机动车不得进入。非机动车道标线颜色为蓝色时，表示此车道仅供非机动车行驶，行人及其他车辆不得进入。

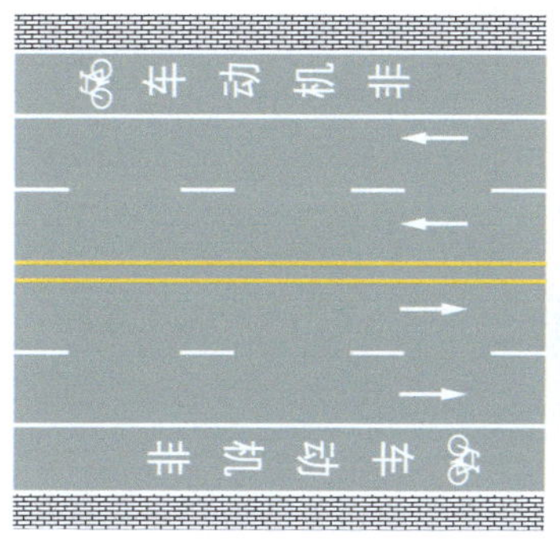

非机动车道线

非机动车道路面标记

白色实折线为注意前方路面状况标记，表示前方道路有不易发现的路面情况，提醒驾驶人应该绕开锯齿状的白色实折线行驶。

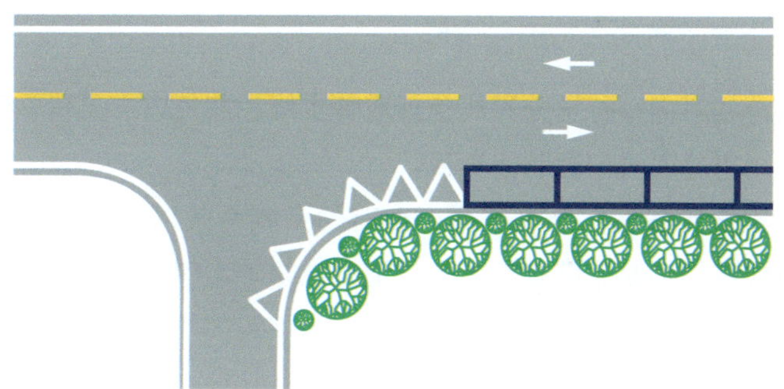

注意前方路面状况标记

第十二章
禁止标线

一、纵向禁止标线

1.禁止跨越对向车行道分界线

禁止跨越对向车行道分界线包括双黄实线、黄色虚实线和单黄实线三种类型，用以分隔对向行驶的车流。

（1）**双黄实线**通常施划在同方向有两条或两条以上机动车道的道路上。双黄实线作为禁止跨越对向车行道分界线时，禁止双方向车辆越线或轧线行驶，不得越过双黄实线超越前车。当双黄实线的间距超过50cm时，会在双黄实线之间施划黄色平行线。

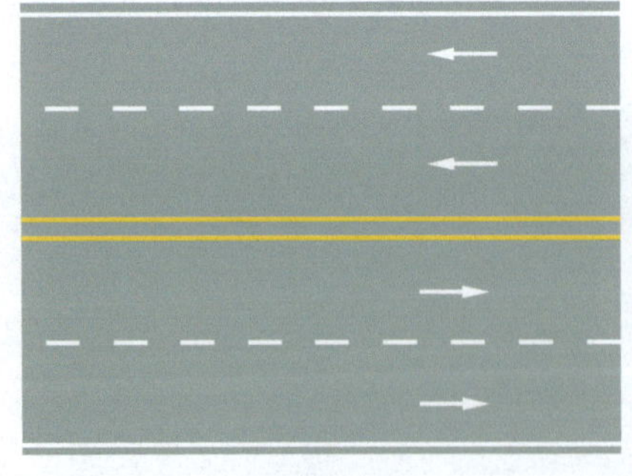
双黄实线

间距较大的双黄实线

（2）**黄色虚实线**作为分隔对向行驶车流的车行道分界线时，实线一侧禁止车辆越线或轧线行驶，虚线一侧在确保安全的前提下可以短时间越线或超车。

黄色虚实线

（3）在双向两车道的道路上，如果道路中心施划的是**单黄实线**，表示禁止车辆轧线行驶或越线超车。

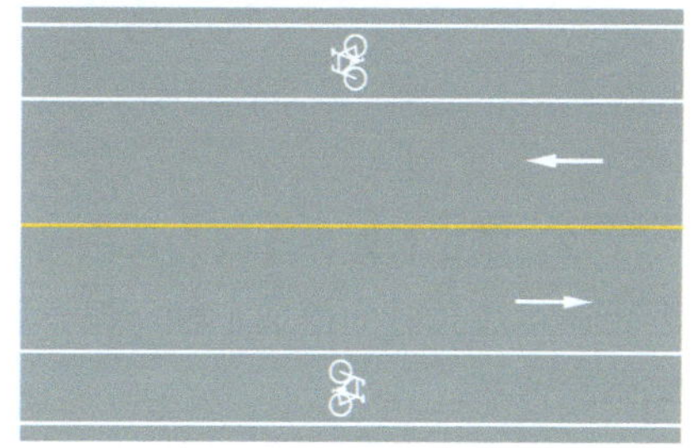

单黄实线

2. 禁止跨越同向车行道分界线

禁止跨越同向车行道分界线用以禁止车辆跨越车行道分界线变更车道或借道超车。道路上的弯道、坡道、桥梁、隧道等路段超车容易发生危险，为了避免车辆在这些路段超车，将同方向车道分界线的白色虚线变为白色实线，禁止车辆在白色实线路段越线超车或变更车道。

禁止跨越同向车行道分界线

3.禁止停车线

（1）**禁止停车线**为黄色线条，施划在路缘石的表面，表示该路段禁止在路边停放车辆，包括上下人员或装卸货物的车辆临时停车。

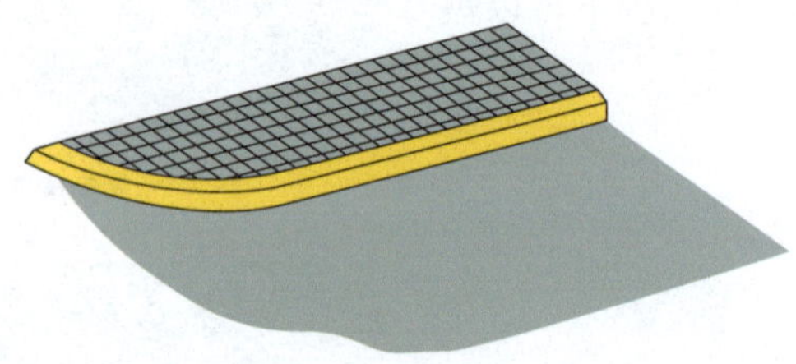

禁止停车线

（2）**禁止长时停车线**为黄色虚线，施划在路缘石的表面，表示该路段禁止在路边长时间停放车辆，但一般情况下允许上下人员或装卸货物的车辆临时停放。

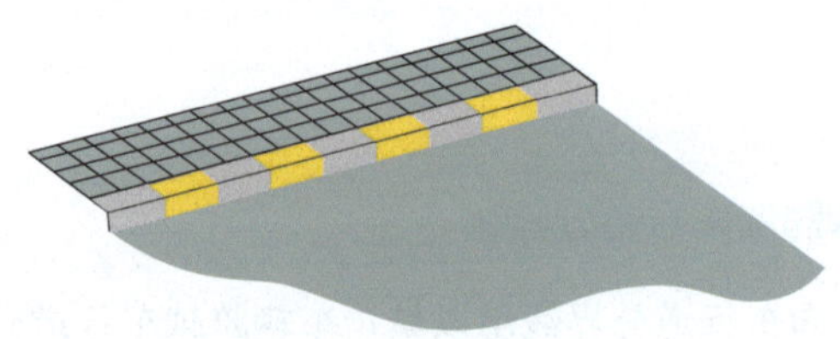

禁止长时停车线

施划有禁止长时停车线的路段，一般还设置了禁止长时停放标志，并可根据需要在辅助标志上标明禁止路边停放车辆的时间或区间。

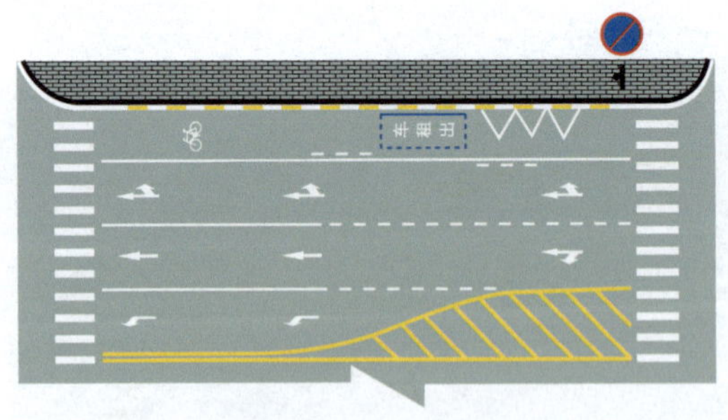

标志和标线一并使用

二、横向禁止标线

1.停止线

停止线为白色实线，位于人行横道线的后方，表示车辆等候放行的停车位置。

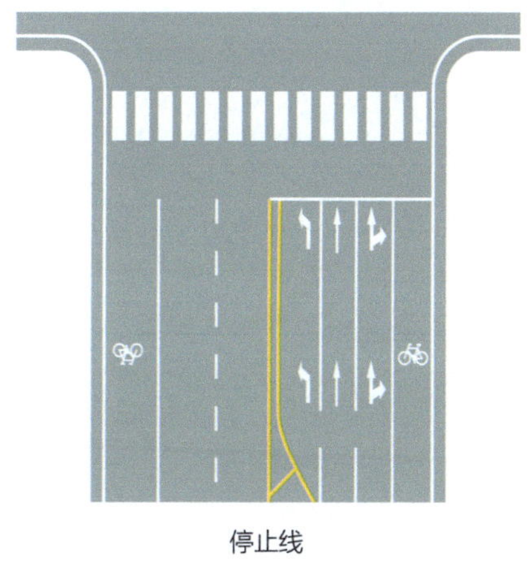

停止线

为了防止停止线对横向道路左转弯车辆的影响，有些停止线会错位设置。

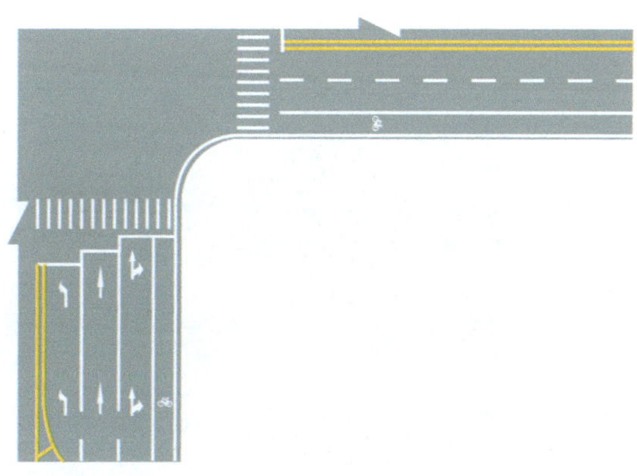

停止线错位设置

2. 停车让行线

在没有交通信号灯的交叉路口，设置了停车让行线，表示车辆行驶至施划有停车让行线的路口时，驾驶人要停车观察，让干道车辆先行，在不影响干道车辆正常行驶、确保安全的情况下，才能进入前方的路口。

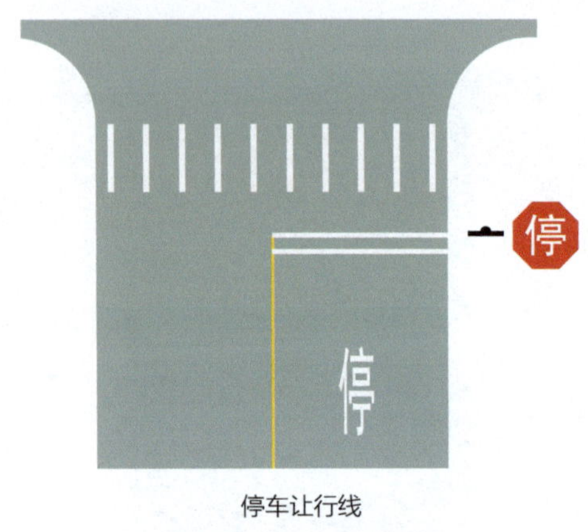

停车让行线

3. 减速让行线

减速让行线设置在交叉路口，车辆行驶至施划有减速让行线的路口时，驾驶人要降低车速观察，让干道车辆优先通行。

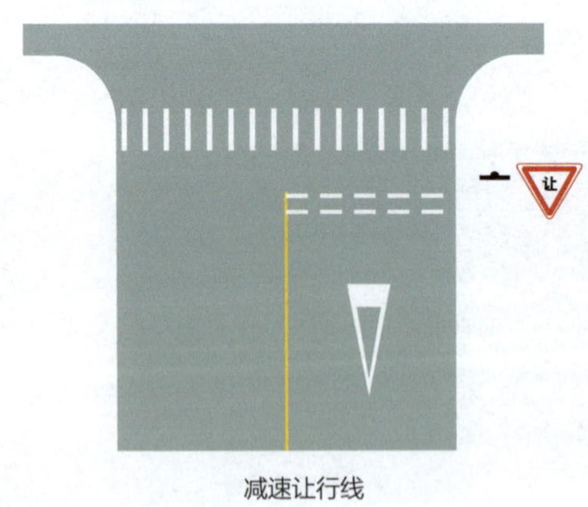

减速让行线

三、其他禁止标线

1. 非机动车禁驶区标线

非机动车禁驶区标线用以告示非机动车使用者在路口内禁止驶入的范围。非机动车禁驶区范围以机动车道外侧边缘为界，可配合设置中心圈。非机动车禁驶区标线由四个方向的黄色虚线构成，路口内的非机动车不得进入黄色虚线构成的四边形区域内。左转弯的非机动车要绕四边形的外围行驶，经过两次放行信号完成左转弯。

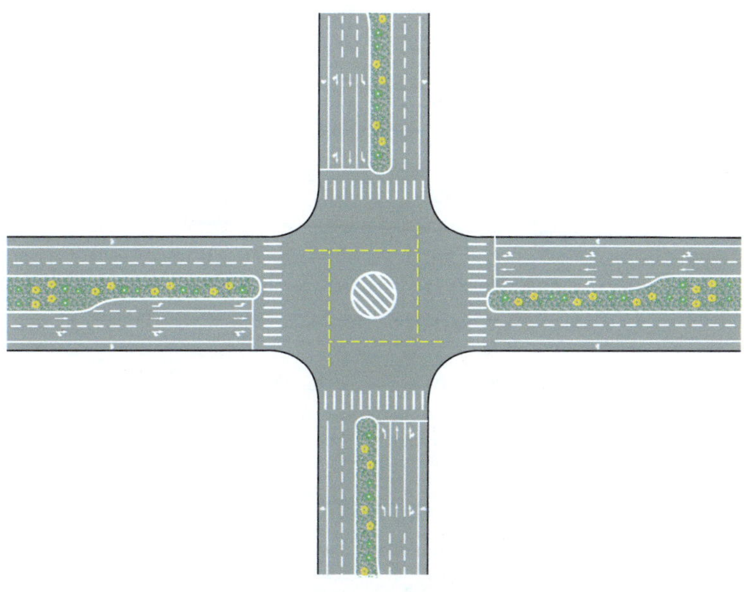

非机动车禁驶区标线

2. 导流线

导流线的轮廓线为白色实线，内部为条纹带，位于道路中心线的导流线为黄色，施划在畸形路口或路面，用来分导车流，表示车辆须按规定的路线行驶，不得轧线或越线，不得在导流线划定的区域内停车。

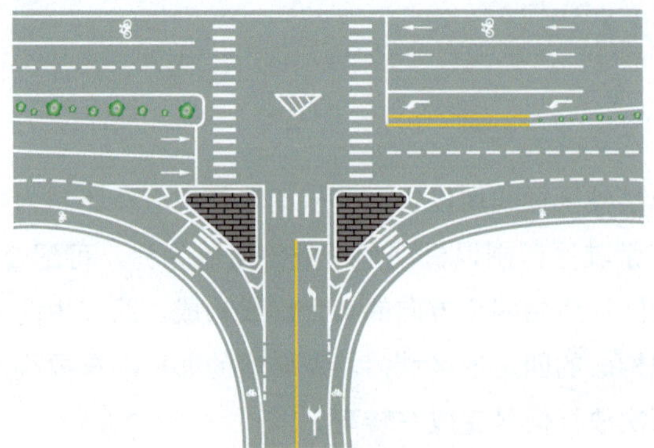

T形交叉口导流线

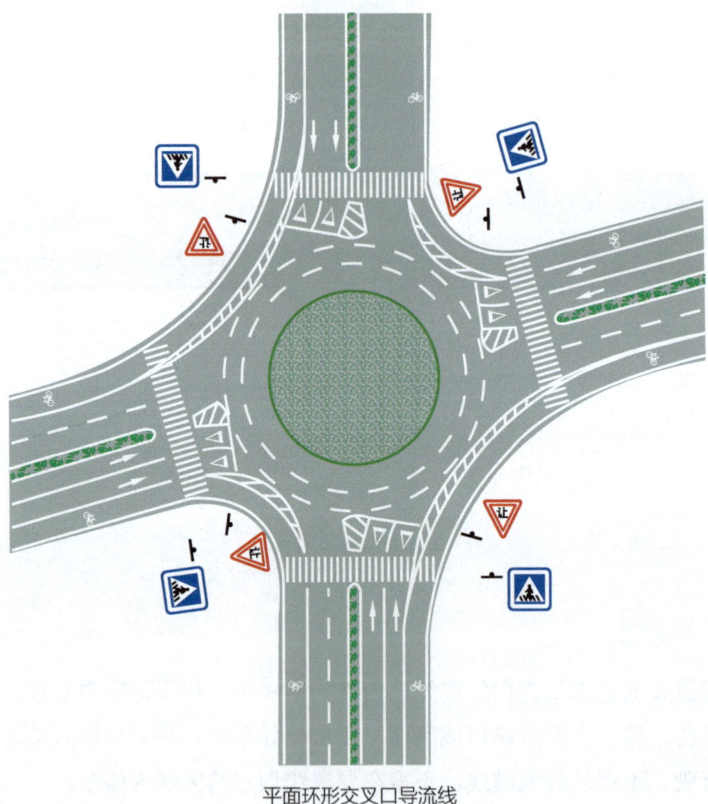

平面环形交叉口导流线

3. 中心圈

中心圈施划在交叉路口的中心位置，用以区分车辆大、小转弯或作为交叉口车辆左右转弯的指示，车辆不得轧线行驶。左转弯的机动车以中心圈为基准转小弯，左转弯的非机动车以中心圈为基准转大弯，以便实现机动车和非机动车在交叉路口内的分离。

圆形中心圈

4. 网状线

黄色网状线用以告示驾驶人禁止在该交叉路口临时停车。黄色网状线施划在路口的一定范围内，车辆不得以任何理由停放。如果在这个区域没有设立护栏，则车辆可以掉头行驶。

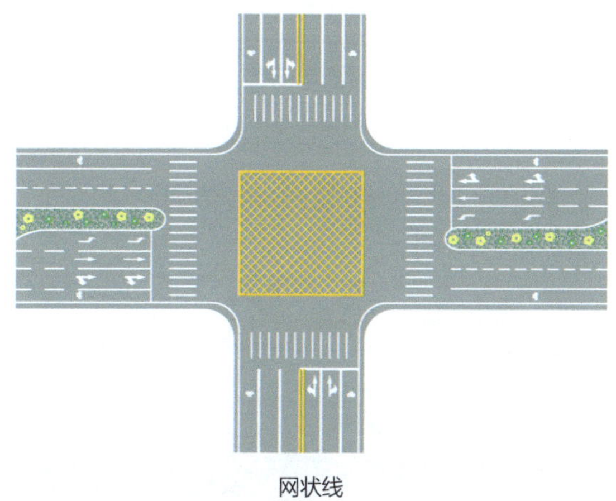

网状线

5. 车种专用车道线

（1）**公交专用车道线**，在车行道内施划“公交专用”路面文字，由黄色虚线和白色文字构成。该车道仅供公交车使用，公交车之外的车辆及行人不得进入该车道。

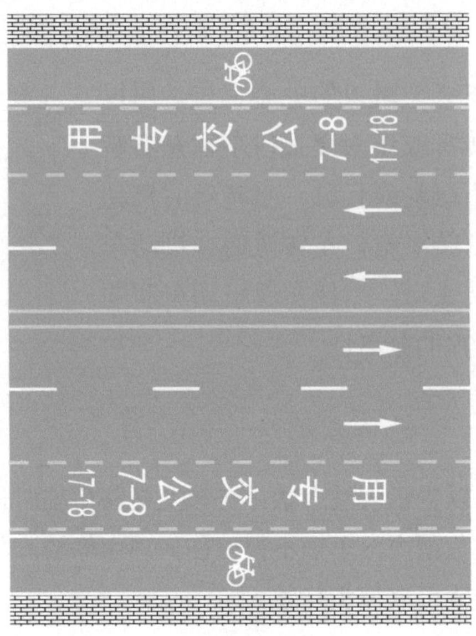

公交专用车道线

（2）**BRT专用车道线**，在车行道内施划“BRT专用”路面文字，该车道仅供快速公交车辆使用。

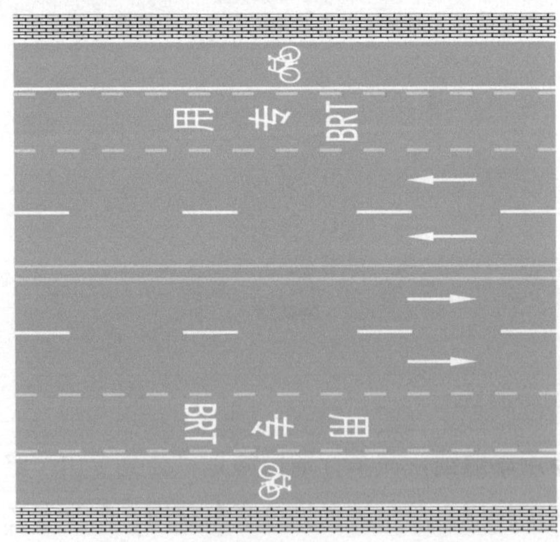

BRT专用车道线

（3）**小型车专用车道线**，在车行道内施划“小型车”路面文字，该车道仅供小型车使用。

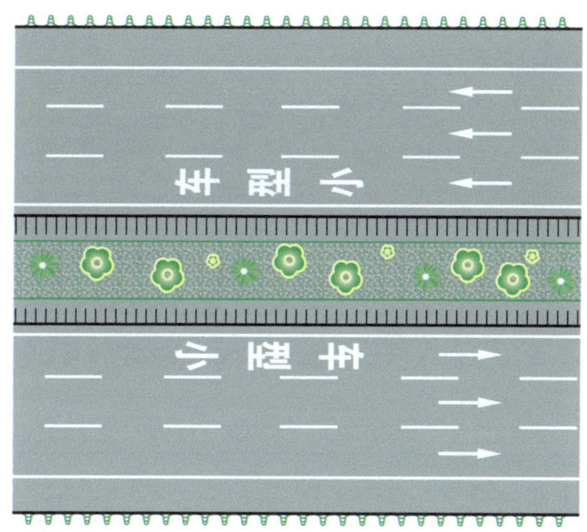

小型车专用车道线

（4）**大型车道线**，在车行道内施划“大型车”路面文字，该车道供大型车及其他低速行驶的车辆使用。

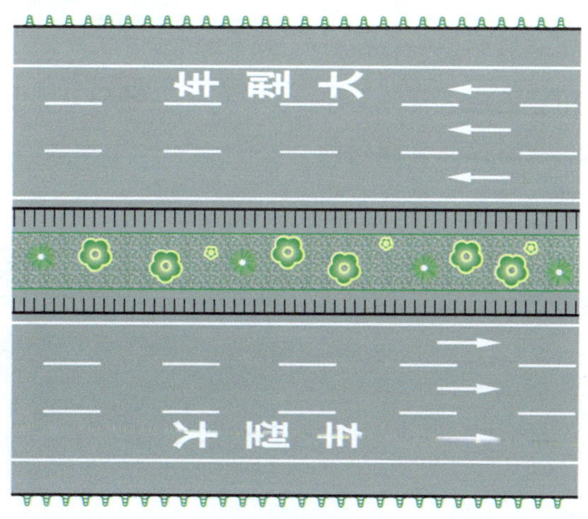

大型车道线

（5）**多乘员车辆专用车道线**，在车行道内施划“多乘员专用”路面文字，该车道仅供有多个乘车人的车辆使用，没有乘客或者乘客人数没有达到规定数量的车辆不得驶入该车道。

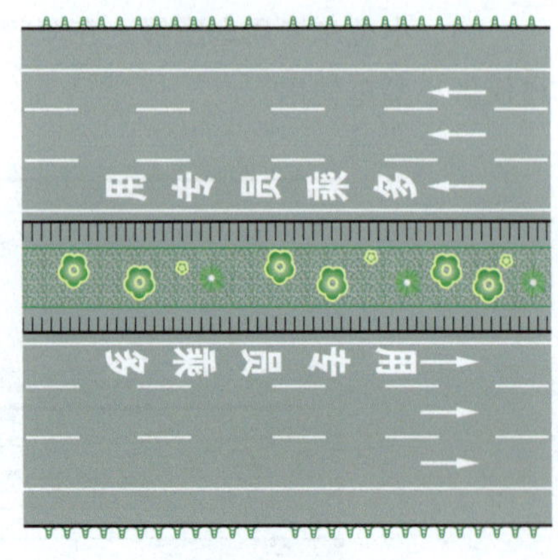

多乘员车辆专用车道线

6.禁止掉头（转弯）标记

禁止掉头（转弯）标记用于禁止车辆掉头（转弯）的路口或区间，表示禁止车辆在该车道掉头（转弯）。禁止掉头（转弯）标记由路面上施划的黄色导向箭头和黄色叉形符号左右组合而成，黄色叉形标记位于左侧。有时路面会施划黄色数字，表示禁止掉头（转弯）的时间段。

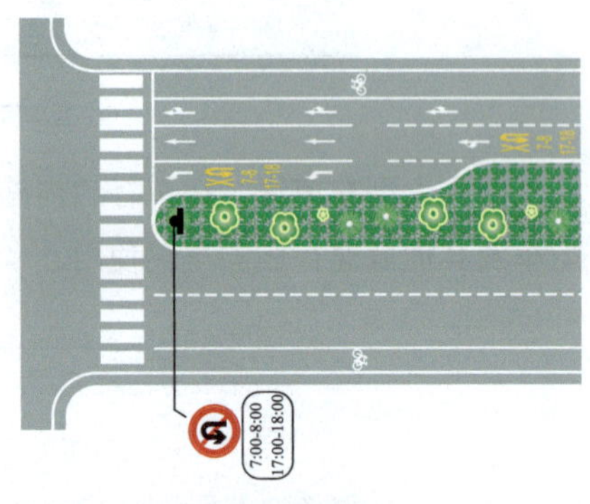

禁止掉头标记

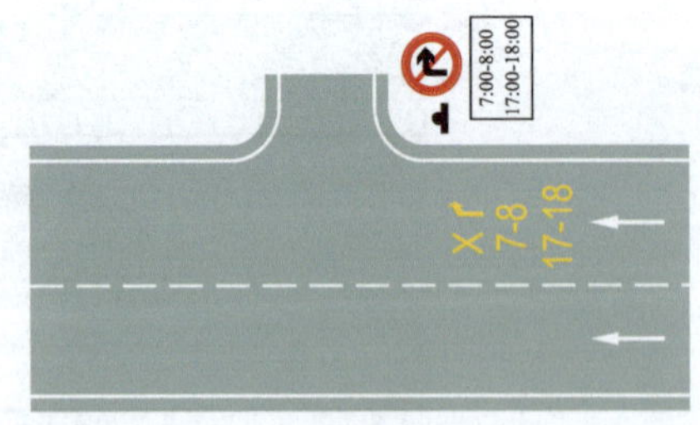

禁止转弯标记

第十三章
警告标线

一、纵向警告标线

1.路面（车行道）宽度渐变段标线

黄色线条为路面（车行道）宽度渐变段标线，用以警告车辆驾驶人前方车道数量将发生变化，驾驶人要谨慎驾驶车辆，注意及时变更车道。

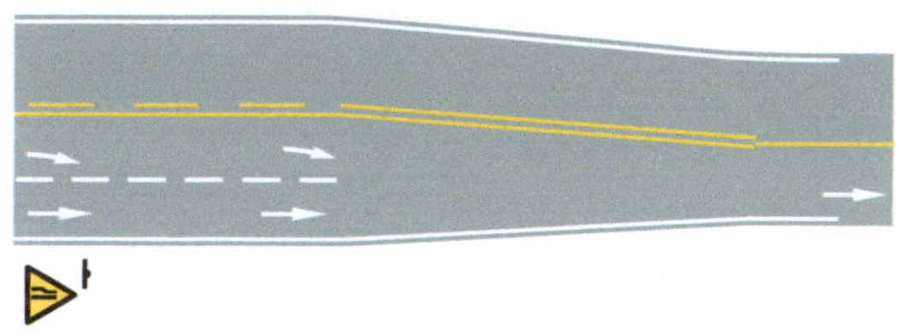

三车道变为双车道渐变段标线

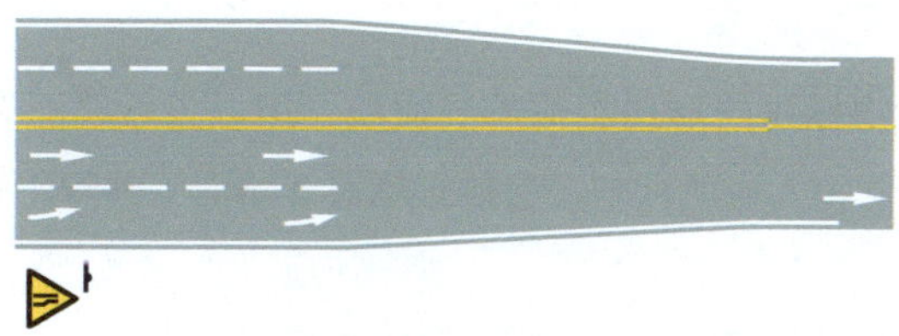

四车道变为双车道渐变段标线

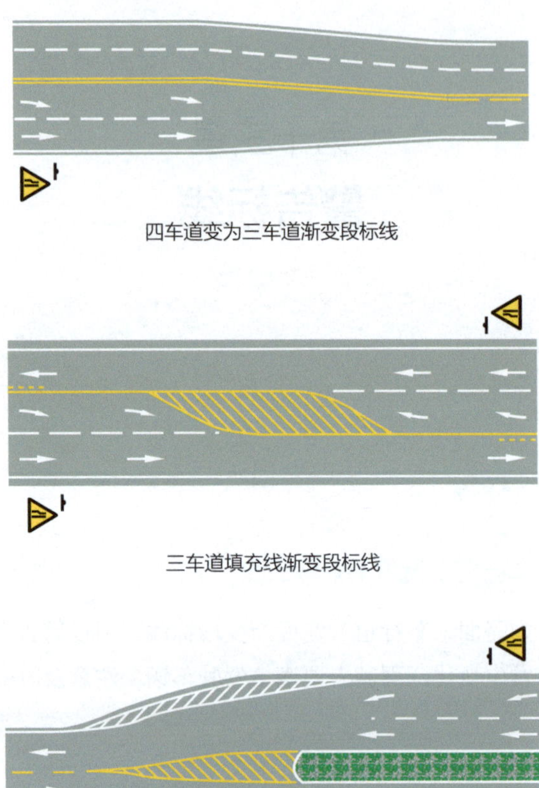

四车道变为三车道渐变段标线

三车道填充线渐变段标线

两车道变为四车道填充线渐变段标线

2. 接近障碍物标线

接近障碍物标线的形式类似于导流线，用以指示路面有固定性障碍物，警告车辆驾驶人谨慎行车，引导车辆避开路面上的障碍物，顺畅驶离障碍物区域。

由道路中心双黄实线过渡到中央分隔带或绿化带，分隔方式由双黄线隔离转变为分隔带或绿化带，两者之间需要用接近障碍物标线来过渡。

接近实体中央分隔带标线

收费岛标线表示收费岛的位置，为驶入收费车道的车辆提供清晰的标记。在收费岛的来车方向，由白色虚线（车道分界线）变为突出地面的收费岛，两者之间利用接近障碍物标线来进行过渡，有利于引导车辆顺畅通过收费岛。

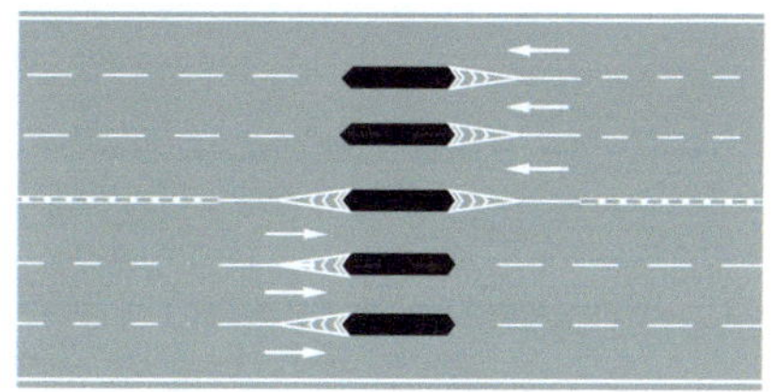

收费岛地面标线

3. 铁路平交道口标线

铁路平交道口标线用以指示前方有铁路平交道口，警告车辆驾驶人谨慎行车，应在停车线处停车，信号灯放行时，在确认安全的情况下才可通过。该标线施划在铁路道口汽车的来车方向，包括交叉线及“铁路”二字、横向虚线、禁止超车线、停止线等。

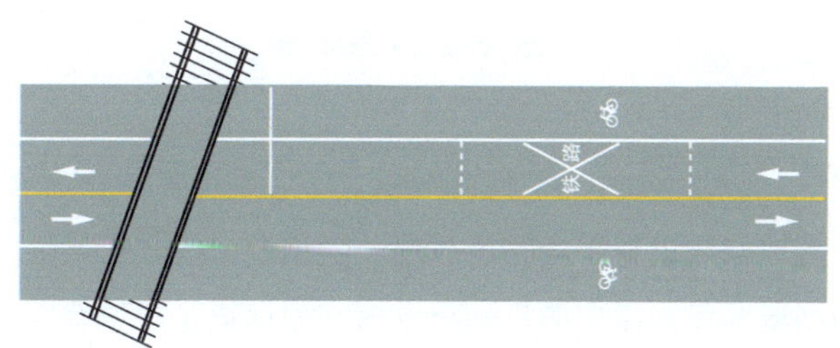

铁路平交道口标线

二、横向警告标线

减速标线用以提示车辆驾驶人前方道路要减速慢行。

1.收费广场减速标线

收费广场减速标线用以提示驾驶人车辆到达收费广场时要减速慢行。

收费广场减速标线

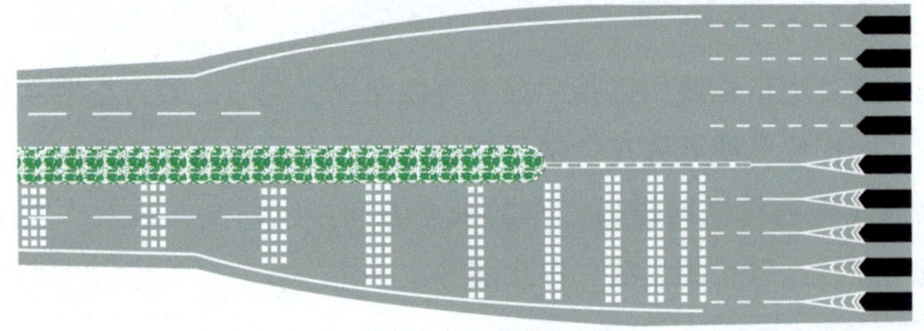

收费广场减速标线的设置

2.车行道减速标线

车行道减速标线设置于弯路、坡路、隧道洞口前、长下坡路段及其他需要减速的路段前或路段中的机动车道内，用以提示车辆驾驶人前方应减速慢行。

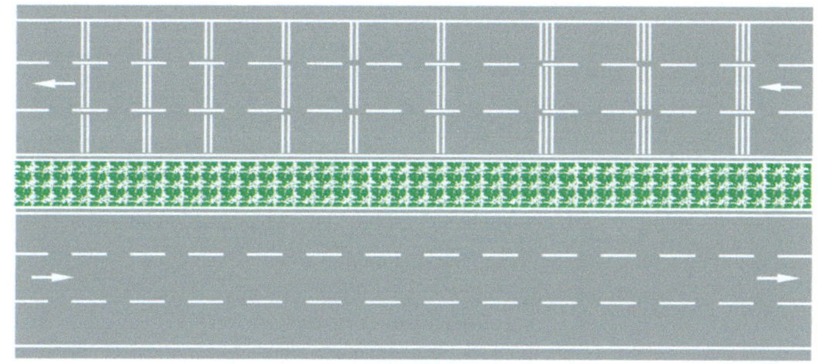

车行道横向减速标线

车行道纵向减速标线

三、其他警告标线

立面标记为黄黑相间的倾斜线条，用以提醒驾驶人注意，在车行道或近旁有高出路面的构造物。

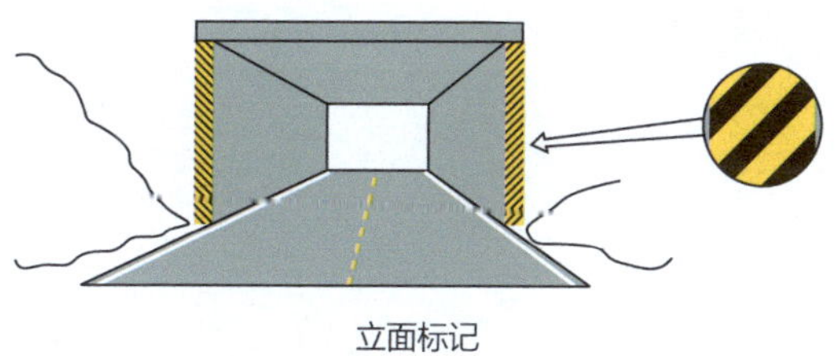

立面标记

附录
容易混淆的道路交通标志和标线

一、交通标志对比

容易混淆的交通标志对比如下。

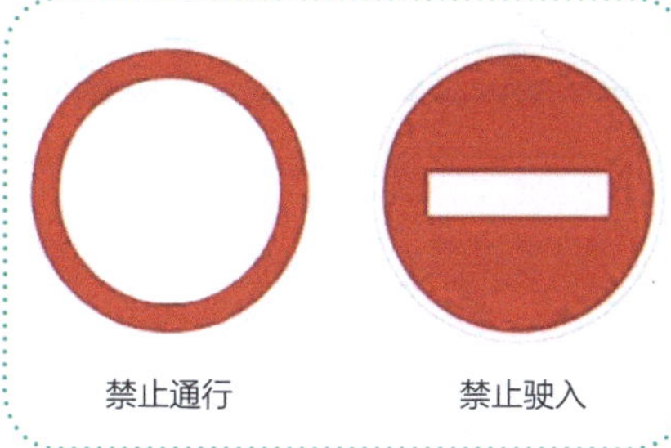
禁止通行　　禁止驶入

禁止停车　　禁止长时间停车

环形交叉路口　　环岛行驶

限制速度　　解除限制速度

窄桥　　两侧变窄

停车让行　　减速让行

下陡坡　连续下坡

注意合流

错车道　紧急停车带

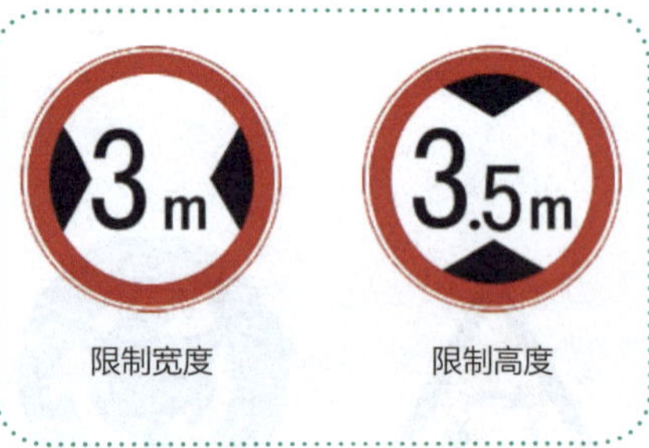

限制宽度　限制高度

限制质量　限制轴重

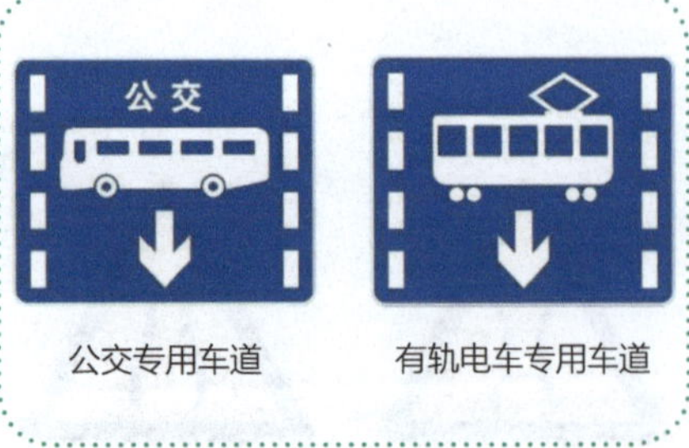

公交专用车道　有轨电车专用车道

反向弯路

连续弯路

直行

单行路（直行）

直行车道

双向交通

会车让行

会车先行

机动车行驶

机动车车道

多乘员车辆专用车道

禁止机动车驶入

禁止小型客车驶入

禁止货车驶入

注意非机动车

非机动车行驶

非机动车车道

货车通行

电动自行车行驶

注意电动自行车

禁止摩托车驶入

禁止电动自行车进入

禁止非机动车进入

左侧绕行

左右绕行

右侧绕行

左侧通行

两侧通行

右侧通行

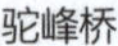

驼峰桥

路面不平

减速丘

易滑

过水路面

注意保持车距

注意儿童

注意行人

人行横道

注意残疾人

应急避难设施（场所）

禁止行人进入

无人看守的铁路道口

有人看守的铁路道口

铁路道口标志（叉形符号）

国道编号

省道编号

县道编号

乡道编号

二、交通标线对比

容易混淆的交通标线对比如下。

1. 路口交通标线对比

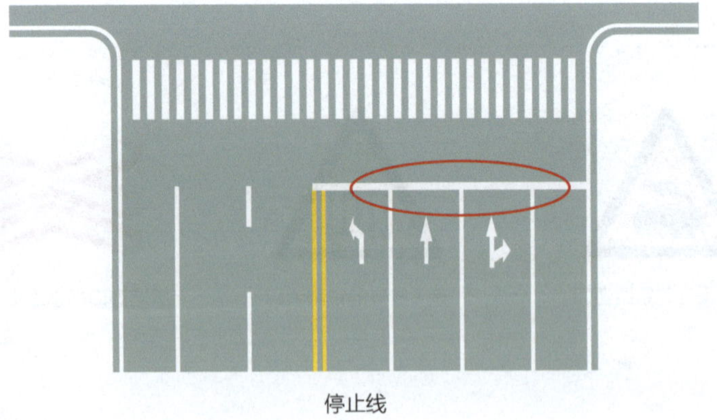
停止线

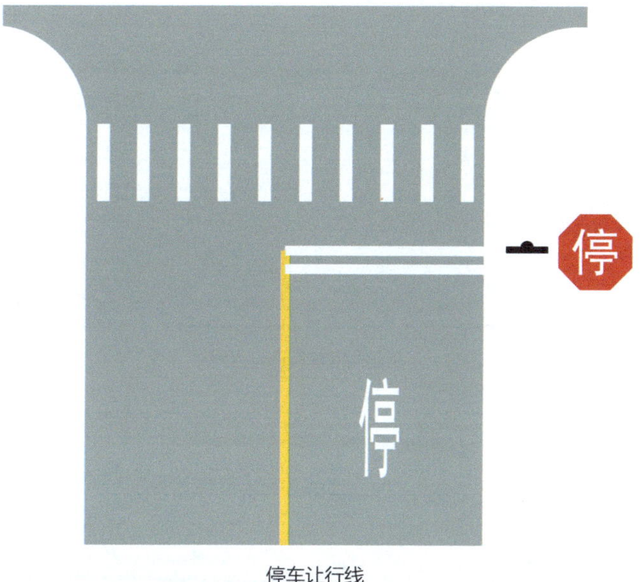

停车让行线

减速让行线

2. 车行道分界线实线与虚线对比

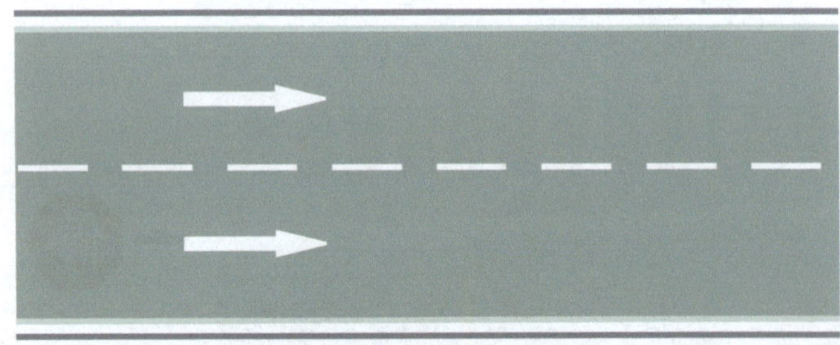

可跨越同向车行道分界线

可跨越对向车行道分界线

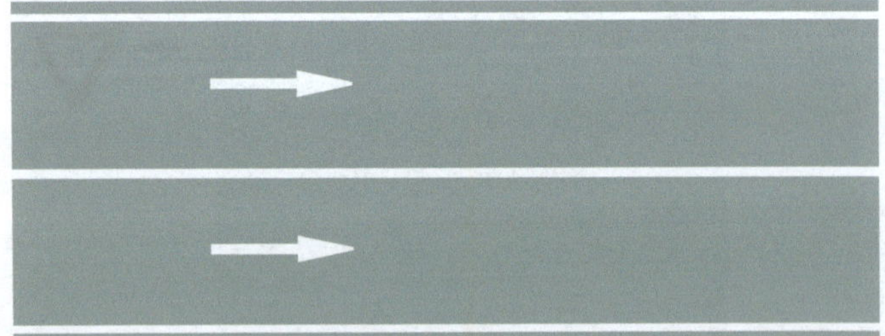

禁止跨越同向车行道分界线

3. 路边禁止停车线对比

禁止在路边长时停放车辆（路肩施划黄色虚线）

禁止在路边停放车辆（路肩施划黄色实线）